长安新能源汽车维修技师培训教程

主　编　蔺朝莉　王艺颖
副主编　杨　平　李仁云　赵梓琪　徐跃进

重庆大学出版社

内容提要

本书详细地从新能源汽车概述、新能源汽车安全操作规范、新能源汽车专用工具的使用与规范、纯电动汽车的结构原理及检修、混合动力电动汽车的结构原理及检修5个方面介绍了新能源汽车需要掌握的相关知识,本书采用任务驱动式模块化教学,理论和实操相结合的方式,突出了长安新能源汽车技师培训的特色。本书定位为长安新能源汽车技师培训使用教材,内容从实际维修工作的角度出发,结合该书的理论知识,适用于新能源汽车维修技师自学使用,也可供汽车专业的师生使用。

图书在版编目(C I P)数据

长安新能源汽车维修技师培训教程/蔺朝莉,王艺
颖主编. -- 重庆:重庆大学出版社,2021.2
ISBN 978-7-5689-1933-3

Ⅰ.①长… Ⅱ.①蔺… ②王… Ⅲ.①电动汽车一车
辆修理—教材 Ⅳ.①U469.720.7

中国版本图书馆 CIP 数据核字(2019)第 274334 号

长安新能源汽车维修技师培训教程

主 编 蔺朝莉 王艺颖
副主编 杨 平 李仁云 赵梓琪 徐跃进
策划编辑:周 立

责任编辑:周 立 版式设计:周 立
责任校对:王 倩 责任印制:张 策

*

重庆大学出版社出版发行
出版人:饶帮华
社址:重庆市沙坪坝区大学城西路21号
邮编:401331
电话:(023)88617190 88617185(中小学)
传真:(023)88617186 88617166
网址:http://www.cqup.com.cn
邮箱:fxk@cqup.com.cn(营销中心)
全国新华书店经销
重庆长虹印务有限公司印刷

*

开本:787mm×1092mm 1/16 印张:8.5 字数:215 千
2021 年 2 月第 1 版 2021 年 2 月第 1 次印刷
印数:1—2 000
ISBN 978-7-5689-1933-3 定价:39.00 元

编审委员会

前　言

长安新能源汽车维修技师培训(初级)教程作为长安新能源汽车维修技师培训教程的重要组成部分,本教程的编写是基于目前长安新能源汽车售后服务网络发展情况调查,分析售后维修技师岗位能力需求为基础而进行的,综合提炼了厂家的维修技术资料,并以一线维修技师提供的经典案例为载体,归纳总结典型故障诊断思路及流程,分解成"新能源汽车概述""新能源汽车安全操作规范""新能源汽车专用工具的使用与规范""纯电动汽车的结构原理及检修"及"混合动力电动汽车的结构原理及检修"知识模块,以满足维修技师在实践工作中所需的专业知识及理论需求。项目1主要介绍了新能源汽车的概念与发展以及新能源汽车的类型与特点。项目2主要介绍了新能源汽车安全操作规范,特别强调了高压电的安全防护及急救措施。项目3详细介绍了新能源汽车在维修时所使用的新能源汽车专用工具的使用与规范。项目4根据汽车维修实际工作任务,并结合长安新能源汽车逸动300这款主打车型,从典型故障案例导入,针对纯电动汽车电源系统、纯电动汽车电机驱动系统、纯电动汽车充电系统、纯电动汽车整车控制系统、纯电动汽车空调热管理系统等各系统做了详细讲解,使学员准确掌握长安新能源汽车各个系统的典型故障及诊断的思路,并能举一反三,在今后的汽车维修服务中加以应用。项目5详细介绍了混合动力电动汽车的基本概念与分类和混合动力电动汽车的基本结构与原理等知识要点。

本教程项目1、4由重庆电子工程职业学院蔺朝莉编写,项目2由重庆电子工程职业学院王艺颖编写,项目3由重庆电子工程职业学院徐跃进和重庆五一高级技工学校李仁云编写,项目5由长安新能源汽车科技有限公司赵梓琪和重庆工商职业学院杨平编写。本书的顺利出版还得到了"校企合作培训认证丛书"编写委员会全体成员的大力支持,汇聚了全体成员的专业知识和宝贵意见,在此深表感谢!

由于水平有限,加之长安新能源汽车新车型不断推出和新技术的应用,书中难免存在疏漏,恳请读者批评指正,深表感谢。

此书为新新态教程,书中重要知识点配有视频二维码。

编　者
2021年1月

目　录

目　录

项目1　新能源汽车概述

任务1.1　新能源汽车的概念与发展

一、任务导入

由于环境形势、国内外政策及市场需求,新能源汽车产业必将成为未来汽车产业发展的导向与目标。那么什么是新能源汽车?纯电动汽车是新能源汽车吗?新能源汽车将如何发展?

二、学习目标

知识目标:
➢ 了解新能源汽车的发展背景;
➢ 掌握新能源汽车的概念;
➢ 了解新能源汽车的发展趋势。

职业素养目标:
➢ 严格执行新能源汽车检修规范,养成严谨科学的工作态度;
➢ 养成团队协作精神;
➢ 严格执行"6S"管理。

三、理论知识

1.1.1　新能源汽车的发展背景

随着国内市场需求、能源危机及环境等问题的日益突出,汽车工业面临着严峻的挑战。

1)社会现状:汽车消费需求旺盛

传统汽车工业以石油为燃料,对化石能源有巨大的需求和依赖。近年来,我国汽车社会化进程加快,汽车产业迎来了跨越式的蓬勃发展时期。2020年,中国汽车保有量将突破6.3亿辆,可能成为全球第一。

2)能源现状:车用能源日益枯竭

化石能源是目前全球消耗的最主要能源。但随着人类的不断开采,化石能源的枯竭是不可避免的。且全球每年从地下开采的石油超过40亿t,约65%被汽车使用。石油使用情况分布图如图1.1所示。

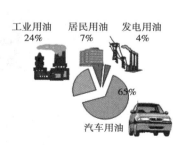

图1.1　全球石油消耗情况统计

3)环境现状:自然环境迅速恶化

汽车尾气包含 CO(一氧化碳)、HC(碳氢化合物)、NOx(氮氧化合物)、PM(微粒)等对人类健康会产生直接危害。同时,这些气体能阻碍反射到地球表面的阳光紫外线,致使温度变化。汽车对环境的破坏,主要体现在:

➢ 二氧化碳排放加剧气候变暖;
➢ 有害尾气排放加重空气污染;
➢ 导致人类呼吸道疾病、感觉、记忆力等机能障碍,重者将危害血液循环系统。

汽车尾气已经成为空气污染的重要原因,开发新能源汽车,减少污染,是汽车技术发展的必然趋势。因此,各国政府纷纷制定鼓励电动汽车发展政策,各车企制定新能源汽车发展规划以打开市场。

1.1.2 新能源汽车的概念

纯电动汽车与新能源汽车是一个概念吗?

1)电动汽车的概念

电动汽车(BEV)——是指以车载电源为动力,用电机驱动车轮行驶,符合道路交通、安全法规各项要求的车辆。根据国家标准《GB/T 19596 电动汽车术语》的解释:电动汽车是指混合动力汽车(SHEV、PHEV、PSHEV)、纯电动汽车(BEV)以及燃料电池汽车的总称(FCV)。

2)新能源汽车的概念

新能源汽车是指采用非常规的车用燃料作为动力来源(或使用常规的车用燃料、采用新型车载动力装置),综合车辆的动力控制和驱动方面的先进技术,形成的技术原理先进、具有新技术、新结构的汽车。国务院下发《节能与新能源汽车产业发展规划(2012—2020 年)》指出:新能源汽车主要指采用新型动力系统,完全或者主要依靠新型能源驱动的汽车,主要包括插电式混合动力汽车(PHEV)、纯电动汽车(BEV)及燃料电池汽车(FCV)。

3)电动汽车和新能源汽车的区别

电动汽车和新能源汽车的区别如图 1.2 所示:

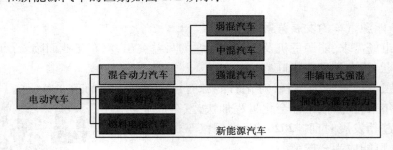

图 1.2 电动汽车与新能源汽车范围

因此,电动汽车的范围大于新能源汽车的范围。

1.1.3 新能源汽车部分核心部件的简称

新能源汽车的部分核心结构与传统汽车有较大差异,其结构简称如表 1.1 所示:

表 1.1 新能源汽车部分核心部件的简称

序 号	结 构	缩略语	序 号	结 构	缩略语
1	插电式混合动力	PHEV	8	交直流转换	AC/DC
2	纯电动汽车	BEV	9	直流变换器	DC/DC
3	燃料电池汽车	FCV	10	车载充电机	OBC
4	远程控制装置	RMU	11	电驱动系统总成	EDS
5	集成车身控制器	BCM	12	电加热器	PTC
6	电池控制单元	BCU	13	高压安全开关	MSD
7	整车控制器	VCU	14	电驱动系统总成	EDS

1.1.4 新能源汽车的核心技术及发展趋势

电池、电机和电控系统是新能源汽车的核心零部件。

1）突破电池技术是关键

电池包是新能源汽车的动力来源。关于《节能与新能源汽车技术路线图》所提出 2020 年电芯能量密度 350 W·h/kg，系统 260 W·h/kg，系统成本 1 元/W·h，电芯成本 0.6 元/W·h 的目标。EV 电芯单位成本：国家规划单位成本 2020 年下降至 0.6 元/W·h，较目前下降54%。PHEV 电芯单位成本：国家规划单位成本 2020 年下降至 1 元/W·h，较目前下降45%。为了应对更高的能量密度、安全性、可靠性等要求，电池材料体系预计在 2020 年后会发生革命性变革。电芯成本与材料及电芯能量密度的关系如图 1.3 所示。

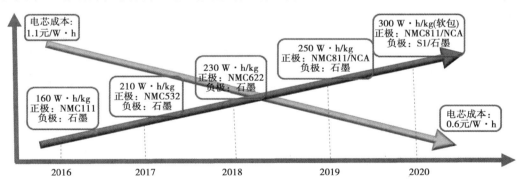

图 1.3 电芯成本与材料及电芯能量密度的关系

2）驱动电机呈多样化发展

美国倾向于采用交流感应电机，其主要有点结构简单、可靠、质量轻，但是控制技术较为复杂。日本多采用永磁无刷直流电机，其优点为效率高、启动转矩大、质量较小。但成本高、高温易退磁、抗震性较差。德国正大力开发开关磁阻电机，其结构简单、可靠、成本低；缺点是质量较大，易产生噪声。

3）燃料电池汽车的发展趋势

燃料电池是指以"氢"为能量来源，将存在于燃料与氧化剂中的化学能直接转化为电能来驱动电机。丰田 Mirai 使用了高压氢气作为动力能源，高压氢气被储存在位于车身后半部分的高压储氢罐中。Mirai 所使用的聚酰胺联线外加轻质金属的高压储氢罐可以承受 70 MPa 压力,并分别置于后轴的前后。高压氢添加的过程与传统添注汽油或者柴油相似,但对于安全性和加注设备具有独立的安全标准。充满储氢罐需要 3 ~ 5 min,Mirai 的氢储量可以支持 700 km 续航里程。减压后的氢气进入位于乘员舱下方的燃料电池中,氢原子在燃料电池阴极上的反应,释放电子从而产生电能。多个燃料电池的串联使得输出电压达到使用的标准。

目前国内工信部发布了《新能源汽车推广应用推荐车型目录》(2018 年第 8 批),氢燃料电池汽车产品共有 19 个型号,有 9 户企业厂家。这标志中国氢燃料电池汽车推广应用即将全面铺开。

四、章节小结

1. 社会现状、能源现状及环境现状迫使新能源汽车必须发展。
2. 电动汽车不是新能源汽车,而新能源汽车是电动汽车。
3. 目前,新能源汽车的发展目标是燃料电池汽车。

五、任务工单

<table>
<tr><td colspan="4" align="center">任务工单</td></tr>
<tr><td align="center">任务名称</td><td align="center">新能源汽车的概念与发展</td><td align="center">姓　名</td><td></td></tr>
<tr><td align="center">学　时</td><td align="center">2 学时</td><td align="center">任务成绩</td><td></td></tr>
<tr><td align="center">实训设备工具</td><td colspan="3">防护手套、绝缘检测仪、防护三件套</td></tr>
<tr><td align="center">任务描述</td><td colspan="3">新能源汽车的概念与发展</td></tr>
<tr><td align="center">任务目的</td><td colspan="3"></td></tr>
</table>

一、资讯

1. 新能源汽车包括 _____、_____、_____ 车型。

2. 电动汽车是指 _____、_____、_____ 车型。

3. 新能源汽车部分核心部件的简称

序　号	结　构	缩略语	序　号	结　构	缩略语
1	插电式混合动力		8	交直流转换	
2	纯电动汽车		9	直流变换器	
3	燃料电池汽车		10	车载充电机	
4	远程控制装置		11	电驱动系统总成	
5	集成车身控制器		12	电加热器	
6	电池控制单元		13	高压安全开关	
7	整车控制器		14	电驱动系统总成	

二、计划与决策

根据任务要求,确定所需要的设备、工具,并对小组成员进行合理分工,制订详细的计划。

1. 需要设备工具

2. 小组成员分工

3. 制订计划与决策

续表

三、实施

1. 实施步骤

2. 总结实施过程中的注意事项

四、检查

五、评估

1. 自己任务完成的情况,对自己的工作进行自我评估,并提出改进意见。

1) _____

_____

2) _____

_____

2. 工单成绩

自我评价	组长评价	教师评价	总　分

任务 1.2　新能源汽车的类型与特点

一、任务导入

新能源汽车包括纯电动汽车、插电式混合动力和燃料电池汽车。那么,它们分别具有哪些特点呢?

二、学习目标

知识目标:
➤ 掌握新能源汽车的类型;
➤ 了解新能源汽车的功能示意图;
➤ 掌握新能源汽车的特点。

职业素养目标:
➤ 严格执行新能源汽车检修规范,养成严谨科学的工作态度;
➤ 养成团队协作精神;
➤ 严格执行"6S"管理。

三、理论知识

新能源汽车主要分为以下三类:
➤ 纯电动汽车;
➤ 插电式混合动力汽车;
➤ 燃料电池汽车。

1.2.1　纯电动汽车的功能示意图及特点

1)纯电动汽车的功能示意图

纯电动汽车首先怠速停机、纯电驱动、下坡或者刹车时通过电机反转实现能量回收。当电池电量不足时,停车充电。

纯电动汽车的功能示意图如图1.4所示。

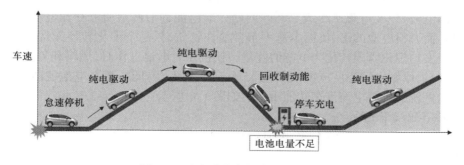

图1.4　纯电动汽车的功能示意图

2）纯电动汽车的特点

纯电动汽车的特点如下：

➢ 动力系统结构更简单，可靠性更高；

➢ 具备传统汽车无法比拟的 NVH 性能；

➢ 使用过程零排放无污染；

➢ 使用成本下降 60% ~ 80%。

1.2.2 插电式混合动力汽车的功能示意图及特点

1）插电式混合动力汽车的功能示意图

插电式混合动力汽车首先怠速启停、发动机停机，纯电驱动、当电量不足时，发动机和电机共同驱动。在下坡或者刹车时，电机反转实现能量回收，然后停车充电。插电式混合动力汽车的功能示意图如图 1.5 所示。

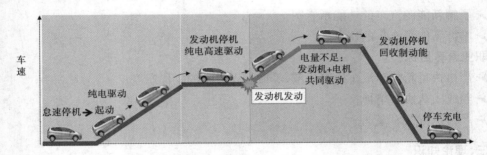

图 1.5 插电式混合动力汽车的功能示意图

2）插电式混合动力汽车的特点

➢ 增加制动能量回收、行驶（巡航）充电、高速纯电动行驶和外接充电功能；

➢ 高速纯电动行驶；

➢ 车辆具备较长的纯电续驶能力；

➢ 有效降低汽车在短途行驶时的整体油耗；

➢ 当电池电量不足时，可通过电网对电池充电。

1.2.3 燃料电池汽车的功能示意图及特点

1）燃料电池汽车的功能示意图

燃料电池原理是一种电化学装置，其单体电池是由正负两个电极（负极即燃料电极和正极即氧化剂电极）以及电解质组成。不同的是一般电池的活性物质贮存在电池内部，限制了电池容量。而燃料电池的正、负极本身不包含活性物质，只是个催化转换元件。因此燃料电池是名副其实的把化学能转化为电能的能量转换机器。电池工作时，燃料和氧化剂由外部供给，进行反应。原则上只要反应物不断输入，反应产物不断排除，燃料电池就能连续地发电。以氢燃料为例说明燃料电池汽车功能示意图如图 1.6 所示：

2）燃料电池汽车的特点

➢ 燃料直接通过电化学反应产生电能，转换率高达 50% ~ 70%；

➢ 氢资源丰富且热值高；

➢ 具备传统汽车无法比拟的 NVH 性能；

➢ 使用过程零排放的是水，无污染。

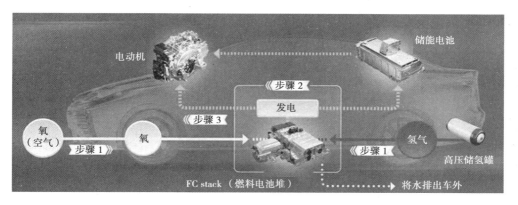

图 1.6　氢燃料为例说明燃料电池汽车功能示意图

四、章节小结

1.纯电动汽车的特点。

2.混合动力汽车的特点。

3.燃料电池汽车的特点。

五、任务工单

任务工单			
任务名称	新能源汽车的类型及特点	姓名	
学时	2 学时	任务成绩	
实训设备工具	防护手套、绝缘检测仪、防护三件套		
任务描述	新能源汽车的特点		
任务目的			

一、资讯

1.纯电动汽车的特点：

2.插电式混合动力汽车的特点：

3.燃料电池汽车的特点：

二、计划与决策

根据任务要求,确定所需要的设备、工具,并对小组成员进行合理分工,制订详细的计划。

1.需要设备工具

2.小组成员分工

3.制订计划与决策

续表

三、实施
1. 实施步骤
2. 总结实施过程中的注意事项
四、检查
五、评估
1. 自己任务完成的情况，对自己的工作进行自我评估，并提出改进意见。
1）_____
_____
2）_____
_____
2. 工单成绩

自我评价	组长评价	教师评价	总　分

项目 2　新能源汽车的安全防护

一、任务导入

某 4S 店维修人员,需要对 16 款长安逸动 EV300 进行维修,维修之前以及维修时需要做哪些安全防护? 如果不慎发生安全事故,应采取哪些急救措施?

二、学习目标

知识目标:

➢ 了解高压电对人体的危害;

➢ 熟悉高压安全与防护;

➢ 熟悉常见的简单急救措施。

职业素养目标:

➢ 严格执行新能源汽车检修规范,养成严谨科学的工作态度;

➢ 养成团队协作精神;

➢ 严格执行"6S"管理。

三、理论知识

新能源汽车的非高压部件(如底盘系统,车身系统等)进行维修时,不需要专业的安全防护。但对高压系统中的高压组件进行维修时,就必须采取特殊的防护措施。每位售后服务人员都有责任完成以下工作:

➢ 必须遵守有关安装和健康防护的说明和规定;

➢ 必须使用防护装置;

➢ 必须使用新能源汽车规定的使用装备;

➢ 装备使用之前要进行检查,如果发现装备损坏,必须进行更换。

2.1.1　高压系统作业的职业伤害

人碰到带电的导线,电流通过人体就叫作触电。触电后,会对人体及人体内部组织造成不同程度的损伤。触电时,让人体受伤的是电流而不是电压。电流对人体的伤害有三种:电击、电伤和电磁场伤害。电击是指电流通过人体,破坏人体心脏、肺及神经系统的正常功能。电伤是指电流热效应、化学效应和机械效应对人体的伤害,主要是指电弧烧伤、熔化金属溅出烫伤等。电磁场生理伤害指在高频磁场的作用下,人会出现头晕、乏力、记忆力减退、失眠和多梦等神经系统的症状。

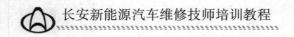

1)电击电流的大小及危害

电击是由于电流流过人体而造成的。当电流流过人体时,对人体造成的伤害程度与很多因素有关,比如个体的体质、心脏状况、电流的大小和持续时间等。当人体通过大约 0.6 mA 的电流就会引起人体麻刺的感觉;通过 50 mA 的电流就会有生命危险。一般人体经过不同的电流后,身体的反应情况见表 2.1。

感知电流:电流流过人体时可引起感觉的最小电流,交流电流为 1 mA,直流电流为 5 mA。

摆脱电流:人在触电后能够自行摆脱带电体的最大电流,交流电流为 10 mA,直流电流为 50 mA。

致命电流:在较短时间内危及生命的最小电流。致命电流与电流持续时间关系密切,当电流持续时间超过心脏周期时,致命电流仅为 50 mA 左右。当电流持续时间短于心脏周期时,致命电流为数百毫安。

表 2.1 流过人体的电流与人体反应表

电流/mA	50 Hz 交流电	直流电
0.6 ~ 1.5	手指开始感觉发麻	无感觉
2 ~ 3	手指感觉强烈发麻	无感觉
5 ~ 7	手指肌肉感觉痉挛	手指感灼热和刺痛
8 ~ 10	手指关节与手掌感觉痛,手已难以脱离电源,但尚能摆脱电源	感觉灼热增加
20 ~ 25	手指感觉剧痛,迅速麻痹,不能摆脱电源,呼吸困难	灼热更增,手的肌肉开始痉挛
50 ~ 80	呼吸麻痹,心房开始震颤	强烈灼痛,手的肌肉痉挛,呼吸困难
90 ~ 100	呼吸麻痹,持续 3 min 或更长时间后,心脏麻痹或心房停止跳动	呼吸麻痹

2)电流流过人体的路径

电流通过头部可使人昏迷;通过脊髓可能导致瘫痪;通过心脏会造成心跳停止,血液循环中断;通过呼吸系统会造成窒息。因此,从左手到胸部是最危险的电流路径,从手到手、从手到脚也是很危险的电流路径,从脚到脚是危险性较小的电流路径。

电流由一手进入,另一手或一脚流出,电流通过心脏,即可立即引起室颤;通过左手触电比通过右手触电严重,因为这时心脏、肺部、脊髓等重要器官都处于电路中。

3)安全电压

虽然电流是让人受伤的根本原因,但人体可等效成一个电阻,根据欧姆定律可知,流经人体电流的大小与外加电压和人体的电阻有关。

影响人体电阻的因素很多,通常流经人体电流的大小无法事先计算出来。因此,为确认安全条件,往往不采用安全电流,而是采用安全电压来进行估算。

安全电压:交流电压小于 42.4 V 或直流电流小于 60 V。

2.1.2　新能源汽车的安全防护

1）个人防护措施

个人防护用品即在劳动过程中为防止物理、化学和生物等有害因素伤害人体而穿戴和配备的各种物品的总称。需要使用个人防护用品的区域均会张贴指令标志。指令标志是强制人们作出某种动作或者采用防范措施的图形标志。个人安全防护指令标志如图 2.1 所示。

图 2.1　安全防护指令标志

在对新能源汽车进行维修之前，技术人员应取下身上的所有首饰和金属物品，如戒指、手表和项链等，并且需要将衣物上的金属物移除或遮盖可避免意外触电。

在对新能源汽车进行维修时，为防止在作业时发生高压触电事故，需要检查并佩戴高压绝缘手套、护目镜、绝缘安全帽、绝缘鞋等防护用品，如图 2.2 所示。维修人员在使用之前，必须对防护用品进行检查、测试后，方可使用。

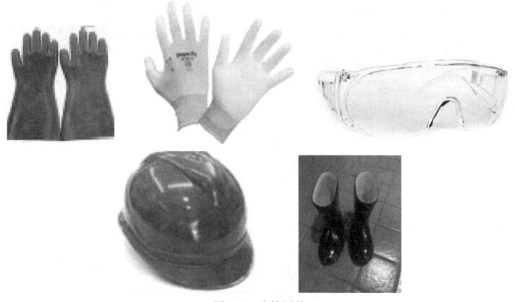

图 2.2　防护用品

2）工具防护

在维修新能源汽车时，需要使用新能源汽车专用工具，新能源部件在放置时需要使用专用的工作台以及绝缘垫。新能源汽车在维修时所使用的工具如图 2.3 所示。

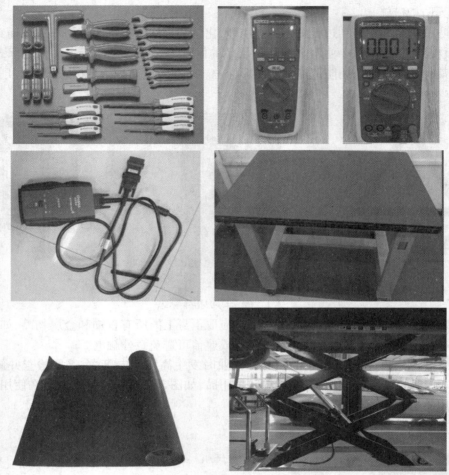

图 2.3　工具防护

除此之外，在对新能源汽车进行高压作业时，需要有专用的维修工位，并保持清洁、干燥和通风良好，并且要安静隔离警示，避免无关人员靠近。

2.1.3　急救措施

新能源汽车高压系统的技术安全措施可防止发生人身伤害事故。一旦发生带电流事故，最主要的是知道如何正确救助遭遇事故的人。

下面介绍一下急救措施：

1）紧急措施

紧急措施可以理解为挽救遇事人而必须首先进行的行为。发生带电事故时，第一紧急措施是断开事故电源。

温馨提示：在救助时，自我保护是第一位的。救助人不应为断开事故电路而直接抓住遇事人，必须借助专门预留的装置救助他人或者关闭电源。

使遇事故人迅速脱离电源是极其关键的，如何迅速脱离电源，有以下几种方式：就近拉闸断电、切断电源线、挑开导线、拽触电者的衣服使其脱离电源、在触电者身体下方垫上绝缘物体等，如图 2.4 所示。

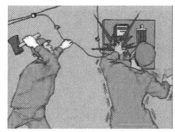

千万不能挑到人的身上

千万不要同时用两只手拽触电者

低压触电时

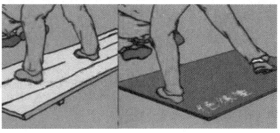

图 2.4　脱离电源的方法

　　如果救助人不能在无危险的情况下断开事故电源,求助人需使用绝缘用品,最好使用绝缘手套或者绝缘钩,只有这样,才允许救助人尝试将遇事故人与带电部件分开。

　　2)拨打急救电话

　　在发生事故时,必须请专业人员实施抢救,应及时拨打急救电话,尤其是有重伤时,要拨打医疗急救电话 120。拨打电话时,应向急救服务机构提供以下信息:

➤ 事故发生的地点;

➤ 发生了什么事情;

➤ 受伤情况;

➤ 事故或受伤类型。

　　3)现场急救措施

　　如果遇事故人失去知觉或不再呼吸,在等待急救医护人员赶来时,需要采取现场急救措施。

　　首先伤情判断,看伤员胸部、腹部有无起伏动作,用耳朵贴近伤员口鼻,听有无呼气声,用两手指试一侧喉结旁凹陷处的颈动脉有无搏动,若无呼吸和搏动,可判定呼吸心跳停止,如图 2.5 所示。

图 2.5　伤情判断

根据不同的伤情,采取不同措施:

➤ 神志清醒,使其就地平躺,严密观察,暂时不要站立走动。

17

➤ 神志不清醒,就地仰面平躺,确保气道通常,5 s 内呼叫伤员轻拍肩部,以判定伤员是否意识丧失,禁止摇动伤员头部呼叫。

➤ 意识丧失,应在 10 s 内,判定其呼吸心跳情况并实施急救。

遇事故人失去知觉并不再呼吸,必须立即进行心肺复苏操作。心肺复苏操作包括人工呼吸和交替按压胸腔,必须持续执行,直至遇事故人恢复呼吸或急救人员到达。

人工呼吸:建立高级气道后,每 6~8 s 进行一次通气,不必在两次按压间同步进行。交替按压胸腔:成人按压频率至少为 100 次/min,按压深度至少为 4~5 cm,按压时间和放松时间各占一半左右。

CPR 心肺复苏急救流程,如 2.6 所示。

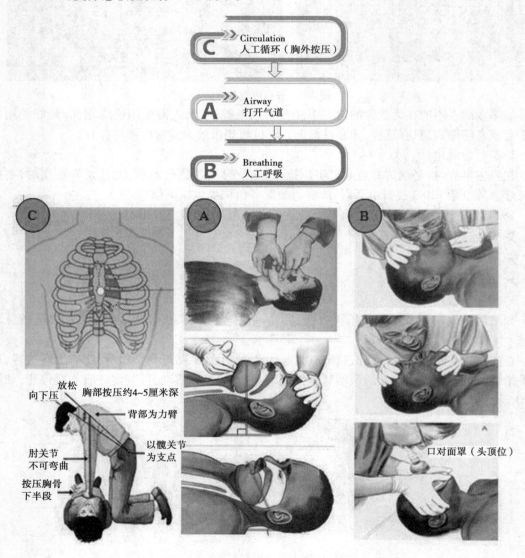

图 2.6　CPR 心肺复苏急救流程

急救过程中的判定：

➢ 按压吹气 2 min 后，应用听、看、试的方法在 5 s 的时间内完成对伤员呼吸和心跳是否恢复的再判断。

➢ 若判定颈动脉已有博动但无呼吸，则暂停胸外按压，而再进行 2 次口对口人工呼吸，按每 5 s 吹气一次。如脉博和呼吸都未恢复，则继续坚持用心肺复苏法抢救。

➢ 在抢救过程中，要每隔数分钟再判定一次，每次判定的时间不得超过 5~7 s。

四、章节小结

1. 新能源汽车的安全防护包括个人防护和工具防护，个人防护品包括高压绝缘手套、护目镜、绝缘安全帽、绝缘鞋等。

2. 急救措施：包括紧急措施、拨打救护电话和现场急救，在救助时，务必确保自身安全。

3. CPR 心肺复苏急救流程。

五、任务工单

任务工单			
任务名称	高压电的安全防护及急救措施	姓　名	
学　时	4 学时	任务成绩	
实训设备工具	新能源专用工具车、新能源专用万用表、新能源专用解码仪、心脏复苏仪、假人		
任务描述	心肺复苏急救		
任务目的			

一、资讯

1.在对新能源汽车进行维修时,为防止在作业时发生高压触电事故,需要检查并佩戴_____、_____、绝缘安全帽、_____等防护用品。

2.发生带电事故时,第一紧急措施是_____。

3.使遇事故人迅速脱离电源的方法有_____、_____、_____、拽触电者的衣服使其脱离电源、在触电者身体下方垫上绝缘物质。

4.遇事故人失去知觉并不再呼吸,必须立即进行_____。心肺复苏操作包括人工呼吸和交替按压胸腔,必须持续执行,直至遇事故人恢复呼吸或急救人员到达。

二、计划与决策

根据任务要求,确定所需要的设备、工具,并对小组成员进行合理分工,制订详细的计划。

1.需要设备工具

2.小组成员分工

3.制订计划与决策

三、实施

1.实施步骤

续表

2. 总结实施过程中的注意事项
四、检查
五、评估
1. 根据任务完成的情况,对自己的工作进行自我评估,并提出改进意见。
1) _____
_____
2) _____
_____
2. 工单成绩

自我评价	组长评价	教师评价	总　分

项目 3　新能源汽车专用工具的使用与规范

一、任务导入

针对某 4S 店新进员工进行技术培训,要求你讲解并规范使用新能源汽车维修工具及检测设备,并协助他们通过入职测试。

二、学习目标

知识目标:

➢ 能够独立规范使用绝缘拆装工具;

➢ 能够独立规范使用数字钳型电流表;

➢ 能够独立规范使用绝缘电阻测试仪。

职业素养目标:

➢ 掌握用电安全与防护知识,养成严谨的工作态度;

➢ 严格按要求规范使用维修工具和设备;

➢ 养成团队协作精神;

➢ 严格执行"6S"管理。

三、理论知识

在对新能源汽车进行维修时,由于存在高压电路,除了需要检查并佩戴高压绝缘手套、护目镜、绝缘安全帽、绝缘鞋等防护用品,同时必须使用专用的维修工具及检测设备。以下对新能源汽车的绝缘工具、检测仪表、诊断仪一一介绍。

3.1.1　绝缘工具

绝缘工具是采用绝缘材料进行加工并适用于电气系统拆装等操作的使用工具。新能源汽车涉及高压的部分零部件拆装必须使用绝缘拆装工具。绝缘拆装工具必须装有耐压 1 000 V 以上的绝缘柄,绝缘拆装工具如图 3.1 所示,图 3.2 为绝缘扭力扳手。零部件拆下来后须放在绝缘台上如图 3.3 所示,新能源汽车须停放在绝缘垫上如图 3.4 所示。

工具的使用

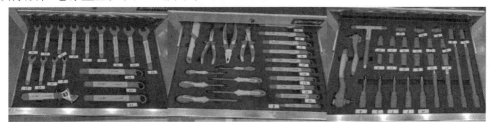

图 3.1　绝缘拆装工具

图 3.2　绝缘扭力扳手　　　　　　图 3.3　绝缘台　　　　　　图 3.4　绝缘垫

绝缘工具的使用方法与普通工具相同,但是有以下特别需要的注意事项:

➢ 应有专门的工具室存放,室内应通风良好,清洁、干燥。

➢ 如发现绝缘工具损伤或受潮,应及时进行检修和干燥处理,试验合格后方可使用。

➢ 绝缘工具必须按规定定期进行绝缘性能的试验,不符合试验要求的,禁止使用。

3.1.2　检测仪器

新能源汽车维修使用的检测仪表有数字式万用表、绝缘电阻测试仪、电流钳、放电计等。

1)数字式万用表

数字万用表应符合 CAT Ⅲ 安全级别的要求。有些汽车专用的万用表,还具有转速(RPM)、百分比(占空比,%)、脉冲宽度(ms)以及其他功能(如利用蜂鸣器等进行故障码读取)。选择任意测量功能挡即可启动仪表。仪表为该功能挡提供了一个标准显示屏(量程、测量单位、组合键等)(如图 3.5 所示)。

万用表的使用

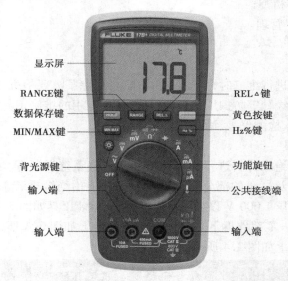

显示屏

RANGE键　　　　　　　　　　　　　　REL△键

数据保存键　　　　　　　　　　　　　黄色按键

MIN/MAX键　　　　　　　　　　　　　Hz%键

背光源键　　　　　　　　　　　　　　功能旋钮

输入端　　　　　　　　　　　　　　　公共接线端

输入端　　　　　　　　　　　　　　　输入端

图 3.5　数字万用表

万用表通常具备以下检测功能:

➢ 交流/直流(AC/DC)电压、电流。

➢ 电阻。

➢ 频率(Hz)。

➢ 温度(TEMP)。

温馨提示:在使用万用表时,请勿用手去触摸表笔的金属部分,一方面保证测量的准确性,另一方面也可以保证人身安全;当检查内部线路阻值时,要保证被测线路所有电源断电;万用表使用完毕,应将开关关闭,如果长期不使用,还应将万用表内部电池取出,以避免电池腐蚀万用表内部其他部件。

2)绝缘测试仪

电动汽车的运行情况非常复杂,在运行过程中难免会出现部件间的相互碰撞、摩擦、挤压,导致高压电路与车辆底盘之间的绝缘性能下降。电源正负极引线将通过绝缘层和底盘构成漏电流回路。当高压电路和底盘之间发生多点绝缘性能下降时,还会导致漏电回路的热积累效应,可能造成车辆的电气火灾。因此,高压电气系统相对车辆底盘的电气绝缘性能实时检测是电动汽车电气安全技术的核心内容。

电气绝缘性能检测时需要使用专用的绝缘测试仪器(如图 3.13 所示),测量高压电缆及零部件对车身绝缘电阻是否位于规定值范围内。

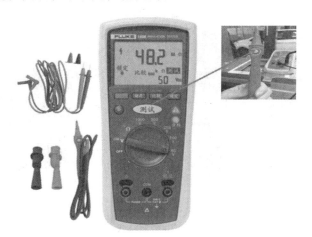

绝缘测试仪

图 3.13　绝缘测试仪

(1)绝缘测试仪的挡位认识

a)电压挡,可测量交流或直流电压,测量范围为 0.1 V ~ 600 V,如图 3.14 所示。

b)欧姆挡,测量搭铁耦合电阻,测量范围为 0.01 Ω ~ 20 kΩ,如图 3.15 所示。

图 3.14　绝缘测试仪电压挡

图 3.15　欧姆挡

c)绝缘测试范围,测量范围为 0.01 Ω ~ 10 GΩ,如图 3.16 所示。

d)1 000 V 绝缘电压挡,使用最高电压不超过 1 000 挡进行绝缘测试,如图 3.17 所示。

图 3.16 绝缘测试范围(0.01 Ω ~ 10 GΩ)

图 3.17 1 000 V 绝缘电压挡

e)500 V 绝缘电压挡,使用最高电压不超过 500 V 进行绝缘测试,如图 3.18 所示。

f)250 V 绝缘电压挡,使用最高电压不超过 250 V 进行绝缘测试,如图 3.19 所示。

图 3.18 500 V 绝缘电压挡

图 3.19 250 V 绝缘电压挡

g)100 V 绝缘电压挡,使用最高电压不超过 100 V 进行绝缘测试,如图 3.20 所示。

h)50 V 绝缘电压挡,使用最高电压不超过 50 V 进行绝缘测试,如图 3.21 所示。

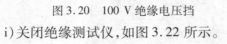

图 3.20 100 V 绝缘电压挡

图 3.21 50 V 绝缘电压挡

i)关闭绝缘测试仪,如图 3.22 所示。

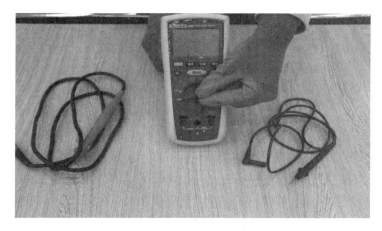

图 3.22　关闭绝缘测试仪

（2）使用方法

a）绝缘测试（如图 3.23 所示）

➤ 佩戴绝缘手套。

➤ 将旋钮开关从 OFF 挡拧到需要的电压挡位。

➤ 根据连线方式将其中一端连接车身地，另外一个探头跟待测端连接，按住 TEST 按钮开始测试，显示屏下端将会出现 TEST 图标，直到释放图标。主显示位置显示电阻读数，直到开始新的测试或者选择了不同功能或量程。

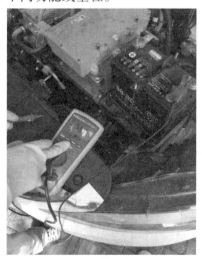

图 3.23　绝缘测试

b）测量电压（如图 3.24 所示）

➤ 选择测量电压的连接线；

➤ 将旋钮开关从 OFF 挡拧到电压挡位；

➤ 两只表笔分别测量检测点，表盘显示相应电压数值。

图 3.24　测量电压

c)测量接地耦合电阻(如图 3.25 所示)

➤测量测试仪内部电阻;

➤连接电路测试电阻:主显示位置显示－－直到按测试 T 按钮,此时将获得一个有效的电阻读数。如果电路中的电压超过 2 V(交流或直流),在主显示位置显示电压超过 2 V 以上警告的同时,还会显示高压符号⚡。在这种情况下,测试被禁止。在继续操作之前,先断开测试仪的连接并关闭电源;

➤按住测试按钮开始测试,主显示位置显示电阻读数,直到开始新的测试或者选择了不同功能或量程。当电阻超过最大显示量程时,测试仪显示"＞"符号以及当前量程的最大电阻。

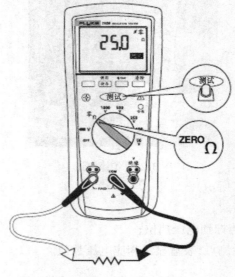

图 3.25　测量接地耦合电阻

3）数字电流钳

在新能源汽车维修与诊断时，经常会需要测量导线中的电流。由于驱动系统的导线（如逆变器与电动机之间）存在较大的交变电流，必须使用电流钳进行间接测量。

目前常用的电流钳，如 FLUKE 381，如图 3.26 所示。

图 3.26　FLUKE 381 电流钳

其工作部分主要由一只电流表和穿心式电流互感器组成。穿心式电流互感器铁芯制成活动开口，且成钳形，故名钳形电流表，是一种不需断开电路就可直接测电路交流电流的携带式仪表。

钳形电流表的原理是建立在电流互感器工作原理的一种不需断开电路就可直接测电路交流电流的携带式仪表基础上的，当放松扳手铁芯闭合后，根据互感器的原理而在其二次绕组上产生感应电流，从而指示出被测电流的数值。当握紧钳形电流表扳手时，电流互感器的铁芯可以张开，被测电流的导线进入钳口内部作为电流互感器的一次绕组。

FLUKE 381 电流钳特性如下：

➢ 专利的涌流测量技术，可以滤除噪声，精确地捕获电机启动电流；

➢ 集成有低通滤波器和最新技术的信号处理功能，可在噪声较高的电气环境中使用，同时提供稳定读数；

➢ 人体工程学设计，更适合单手操作；

➢ 易读的大号显示屏，自动量程识别；

➢ 真有效值交流电压和电流测量功能，可对非线性信号进行精确测量；

➢ 最大值/最小值/平均值记录功能可自动捕获各种变化；

➢ 读数保持功能，背光照明功能，更适合光线不好的场合；

➢ 清零功能，可以将显示屏清零，进行直流测量；

➢ CATⅢ 1 000 V，CATⅣ 600 V；

➢ 保修 3 年。

4）放电计

放电计（如图 3.27 所示）可以用来测量电池在大电流放电时的端电压，可以比较准确地判断电池的放电程度和启动能力，当拔下动力电池高压线束时，要求等 5 分钟才能进行下一步操作，如果有放电计就可以放电后立即操作，放电计的操作（如图 3.28 所示）：放电过程中指示灯会亮,当指示灯熄灭后就表明电已经放完,可以安全操作了。

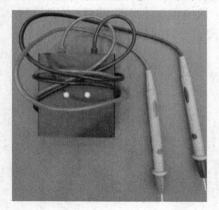

放电仪的使用

图 3.27　放电计　　　　　　　　　　图 3.28　放电计的操作

5)故障诊断仪

长安新能源汽车采用 KT700 故障诊断仪,将诊断软件安装在电脑终端上(如图 3.29 所示),通过通信电缆(诊断盒子)与车载 OBD 诊断座连接,与车辆的控制模块通信进行故障诊断,如图 3.30 所示。诊断仪与电脑之间的连接方式有 USB 线连接、有线网络连接和无线网络连接三种。

接车辆OBD诊断座

图 3.29　诊断系统界面　　　　　　　　图 3.30　连接方式

(1)USB 连接(如图 3.31 所示)

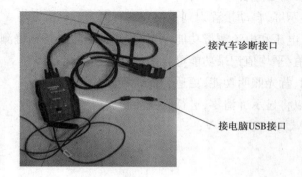

接汽车诊断接口

接电脑USB接口

图 3.31　USB 连接

（2）有线网络连接（如图 3.32 所示）

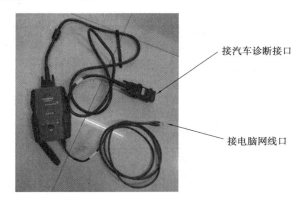

接汽车诊断接口

接电脑网线口

图 3.32　有线网络连接

（3）无线网络连接（如图 3.33 所示）

首先按 2 记录按键标识，在不松开的情况下接汽车诊断口通电，并保持不松开 5 秒到 VCI 进入无线网络通讯模式，电脑即可搜索连接无线网络。

接汽车诊断接口

图 3.33　有线网络连接

（4）界面操作

a）厂家选择（图 3.34）

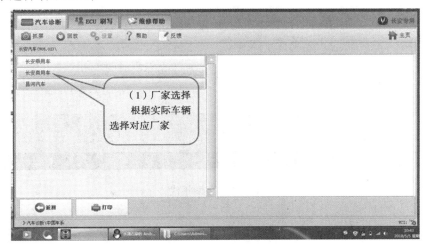

（1）厂家选择
根据实际车辆
选择对应厂家

图 3.34　厂家选择

b）车型选择（图 3.35）

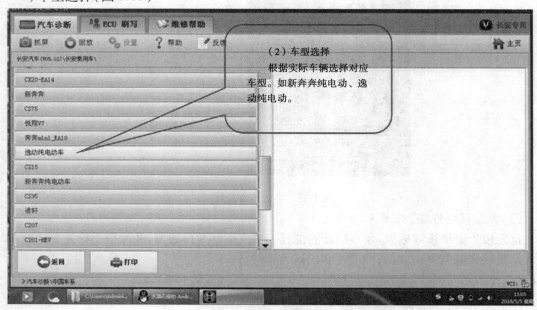

图 3.35　车型选择

c）车型年代（图 3.36）

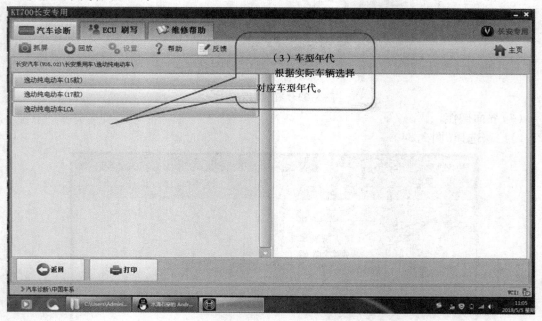

图 3.36　车型年代

d) 控制器选择（图 3.37）

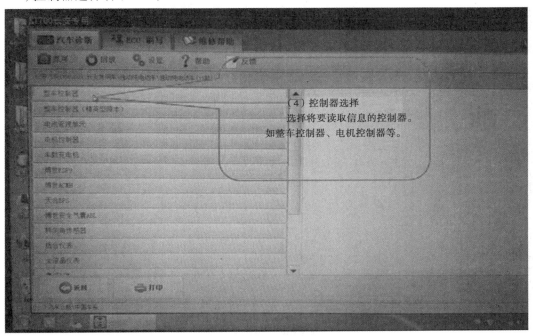

图 3.37　控制器选择

e) 操作选择（图 3.38a）

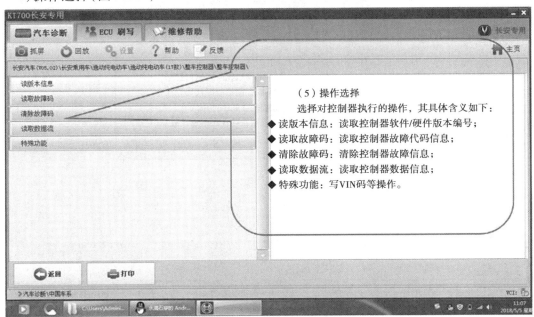

图 3.38a　操作选择

f)操作选择(图3.38b)

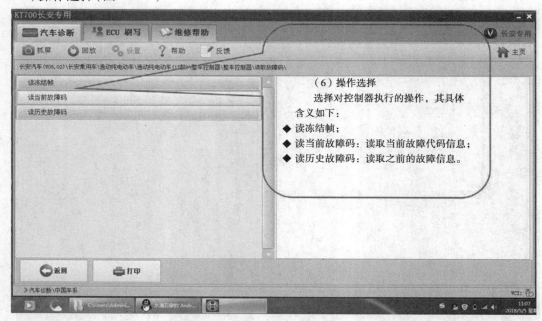

图3.38b 操作选择

g)读取故障代码信息(图3.39)

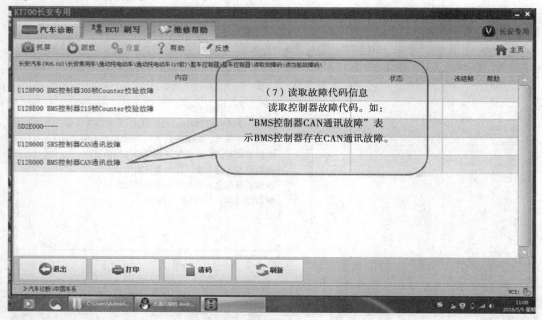

图3.39 读取故障代码信息

h)读取车辆数据信息(图 3.40)

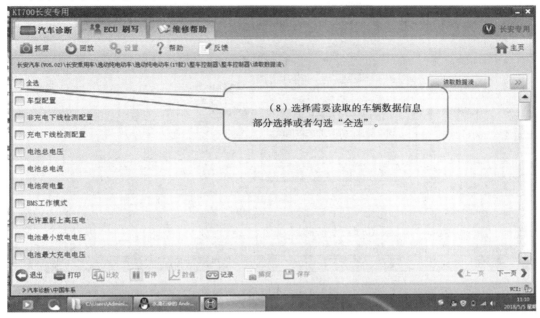

图 3.40 读取车辆数据信息

i)选择读取车辆数据流(图 3.41)

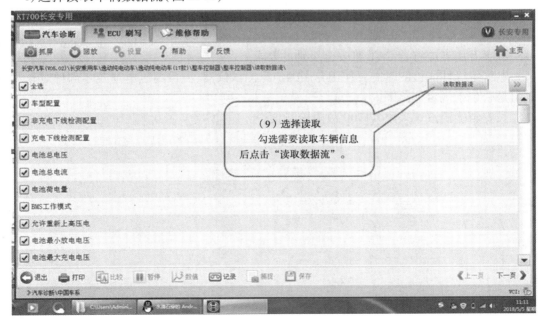

图 3.41a 勾选读取

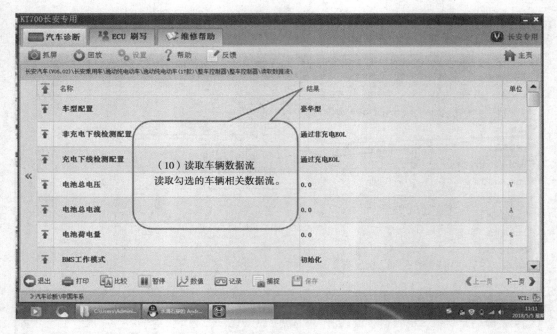

图 3.41b　车辆相关数据流

四、章节小结

1.新能源汽车涉及高压的部分零部件拆装必须使用绝缘拆装工具。

2.新能源汽车维修使用的检测仪表有数字式万用表、绝缘电阻测试仪、电流钳、放电计等。

3.数字万用表应符合 CAT Ⅲ 安全级别的要求。

4.电气绝缘性能检测时需要使用专用的绝缘测试仪器,测量高压电缆及零部件对车身绝缘电阻是否位于规定值范围内。

5.长安新能源汽车采用 KT700 故障诊断仪。

五、任务工单

任务工单任务工单			
任务名称	新能源汽车维修工具及检测设备的使用	姓　　名	
学　　时	4 学时	任务成绩	
实训设备工具	新能源专用工具车、数字万用表、绝缘检测仪、KT700 故障诊断仪		
任务描述	使用新能源维修工具、设备进行检测		
任务目的	能正确使用新能源维修工具、设备进行检测		

一、资讯

1.绝缘工具的使用方法与普通工具相同,但是有哪些特别需要的注意事项?

2.进行测试前要进行哪些安全防护?

二、计划与决策

根据任务要求,确定所需要的设备、工具,并对小组成员进行合理分工,制订详细的计划。

1.需要设备工具

2.小组成员分工

3.制订计划与决策

三、实施

1.实施步骤

(1)利用相关检测工具完成电池包部件的检测

➢利用绝缘测试仪测量电池包维修开关插头绝缘电阻_____MΩ,电池包安全开关插头正负接线电压_____V。

➢利用绝缘测试仪测量电池包快充接插件端口绝缘电阻_____MΩ,快充接插件端口电压_____V。

➢利用绝缘测试仪测量动力电池高压铜排绝缘电阻_____MΩ。

➢利用数字万用表测量单体电池电压_____V。

➢利用数字万用表测量预充电阻_____Ω,高压熔断器电阻_____Ω。

➢利用数字万用表测量电池包维修开关插头与直流充电口高压互锁线路导通。

续表

（2）使用 KT700 读取故障码及数据流

序　号	故障代码	故障信息
1		
2		
3		
4		

序　号	数据流名称	结　果
1		
2		
3		
4		

2. 总结实施过程中的注意事项

四、检查

五、评估

1. 自己任务完成的情况，对自己的工作进行自我评估，并提出改进意见。

1)_____

_____

2)_____

_____

2. 工单成绩

自我评价	组长评价	教师评价	总　分

项目4　纯电动汽车的结构原理及检修

任务4.1　纯电动汽车电源系统

一、任务导入

近期,4S店技术主管经过各项检测之后,判断王先生的逸动EV300汽车是动力电池故障,现需要你作为维修人员协助技术主管按照规范程序,将动力电池包从整车拆卸下来。并在技术主管更换好零部件,且对动力电池包进行封装后,对电池包进行检查,安装。

二、学习目标

知识目标：

➢ 掌握纯电动汽车动力电池包的组成部件；

➢ 掌握锂离子电池工作性能；

➢ 掌握动力电池包的拆卸与安装操作规范。

职业素养目标：

➢ 严格执行新能源汽车检修规范,养成严谨科学的工作态度；

➢ 养成团队协作精神；

➢ 严格执行"6S"管理。

三、理论知识

4.1.1　动力电池系统组成部件和功能

动力电池系统是纯电动汽车的主要车载能源,代替了发动机和油箱,输出电能通过高压分线盒,将电量分配至整车各个用电设备,为整车提供电能。

1)动力电池的作用

动力电池系统作为电动汽车的能量源,它除了为整车提供持续稳定的能量,还承担以下任务：

①计算整车的剩余电量和充电提醒。

整车的剩余电量,通常简称为SOC(State of Charge),即电池当前的容量与额定容量的百分比。在车辆行驶过程中,随着动力电池电量的消耗,SOC表上指针指示的数值会逐渐减小。当SOC减小到30%以下时,SOC表上的电量不足指示灯会点亮,它提示用户尽快对车辆进行充电。

②对电池进行温度、电压、湿度的检测。

③漏电检测和异常情况报警。

④充放电控制和预充电控制。

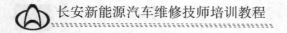

⑤电池一致性的检测,系统自检等作用。

2)动力电池外部结构

动力电池外部通过高压线束分别与高压配电盒相连,实现放电。同时,与车载充电机相连,实现 220 V 交流充电。与快充口相连,实现 380 V 快充直流充电。另有通过 BMS 使用 CAN 对整车控制器或充电机之间进行通讯,对动力电池系统进行充放电等综合管理。如图 4.1 所示。

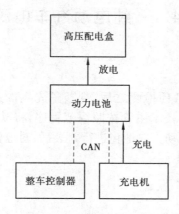

图 4.1　动力电池工作原理

3)动力电池内部结构

动力电池包内部主要由五大块组成,若将动力电池系统看成人体,电池模组相当于人体的肌肉,电池管理系统相当于人的大脑,连接线束相当于人的神经,箱体相当于人的骨骼,上盖相当于人的皮肤,它们各司其职,缺一不可。如图 4.2 所示。

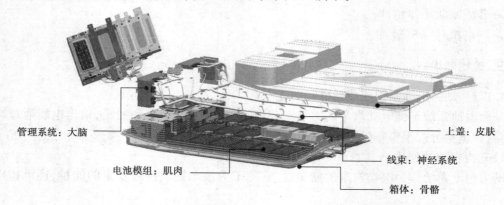

图 4.2　动力电池结构组成图

下面分别对电池系统内部组成部件进行功能介绍。

①电池模组。由多个动力电池单体串并联组成的组合体,是主要的车载能源,也是电池包内可更换的最小单元。多个模组串并联组成整个电池包。模组内设有温度传感器和电压传感器,电池管理系统可实时监控电池单体的温度和电压情况。

②电池管理系统(也称"BMS")。通过电压、电流及温度检测等功能实现对动力电池系统的过压、欠压、过流、过高温和过低温保护,继电器控制、SOC 估算、充放电管理、均衡管理、故障报警及处理、与其他控制器通讯等功能;还有高压回路绝缘检测功能,以及动力电池系统加

热控制功能。

③高压电器盒。高压电器盒内部装有主正/负接触器,快充接触器,PTC 接触器,熔断丝,配合电池管理系统实现电源的控制,保证高压的使用安全。

④热管理组件。热管理组件中的制热系统,包括 PTC 加热板,PTC 接触器,PTC 熔断丝,以保证电池在低温下的正常工作温度。

动力系统组成部件细分如图 4.3 所示。电池包内部件如图 4.4 所示。

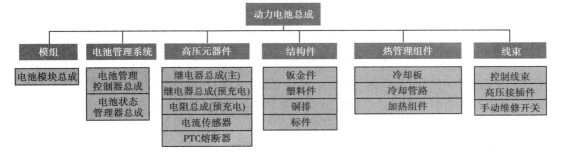

图 4.3　动力电池系统组成部件图

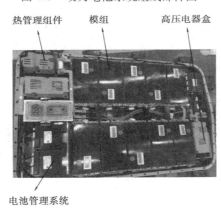

图 4.4　某车动力电池系统内部构造图

4.1.2　动力电池参数及性能认识

下面以逸动 EV300 和普莱德的动力电池为例,来说明动力电池有哪些性能特点。

查看逸动 EV300 的三元锂电池和普莱德 PPST 的磷酸铁锂电池在不同参数之间的比较,见表 4.1。

表 4.1　逸动 EV300 的三元锂电池和普莱德 PPST 的磷酸铁锂电池的参数比较

项　　目	逸动 EV300	普莱德 PPST
电池类型	三元锂电池	磷酸铁锂电池
额定电压	321.1 V	320 V
额定容量	140 A·h	80 A·h
额定能量	44.97 kW·h	25.6 kW·h
连接方式	2P88S	1P100S

续表

项　目	逸动 EV300	普莱德 PPST
总质量	355 kg	295 kg
工作电压范围	246.6 ~ 374 V	250 ~ 365 V
比能量		86 W·h/kg

动力电池系统的四个重要参数的含义如下:

1)电池类型

目前市场上最热门的电动车大部分是用的锂离子电池。锂离子电池的负极材料是石墨,正极材料是含锂离子的嵌入式化合物,如:钴酸锂、锰酸锂、磷酸铁锂、三元锂等。锂离子电池性能比较高,电池能量密度大,平均输出电压高,自放电小,没有记忆效应,工作温度范围为 −20 ~ 60 ℃,循环性能优越,可快速充放电,充电效率高达 100%,而且输出功率大,使用寿命长,没有环境污染,被称为绿色电池。缺点是价格高和高温下安全性能差。目前运用在电动汽车上最多的锂离子电池是磷酸铁锂电池和三元锂电池。逸动 EV300 2 号电池包铭牌参数如图 4.5 所示。

图 4.5　逸动 EV300 2 号电池包铭牌

(1)磷酸铁锂电池

磷酸铁锂电池是指用磷酸铁锂(LiFePO4)作为正极材料的锂电池。标称电压为 3.2 V。充电时终止电压为 3.6 V,放电终止电压为 2.0 V。

相比较其他形式的锂电池,磷酸铁锂电池有以下优点:安全性能好,相比普通锂电池安全性有大幅改善;寿命长,循环寿命达到 2 000 次以上;高温性能好,热峰值可达 350 ~ 500 ℃;工作温度范围宽广,为 −20 ~ 75 ℃;容量较大,相比普通电池(铅酸等)有更大的容量;某车采用的磷酸铁锂电池如图 4.6 所示。

(2)三元锂电池

三元锂电池是指正极材料使用镍钴锰酸锂(LiNixCoyMn1 − x − yO₂)三元正极材料的锂电池,是最近几年发展起来的新型锂电池正极材料。三元复合正极材料产品,是以镍盐、钴盐、锰盐为原料,综合了钴酸锂、镍酸锂和锰酸锂三类材料的优点,存在三元协同效应,里面镍钴锰的比例可以根据实际需要调整。三元材料做正极的电池相对于磷酸铁锂电池能量密度更高,在新能源汽车对动力蓄电池能量密度要求提升的背景下,三元材料作为高容量密度正极材料有望进一步拓展其市场份额。

三元锂电池的充电终止电压在 4.2 V 左右,放电终止电压在 2.5 V 左右,三元锂电池标称电压为 3.7 V。逸动 EV300 三元锂电池如图 4.7 所示。

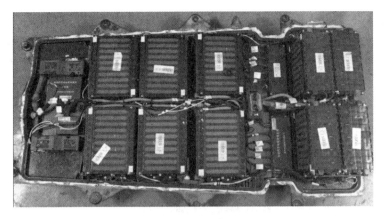

图 4.6　某车磷酸铁锂电池

图 4.7　逸动 EV300 2#锂离子电池包

2）额定电压

动力电池系统的额定电压 = 单体电芯额定电压 × 单体电芯串联数

3）额定容量

动力电池容量是电池性能的重要指标之一，它表示动力电池储存电量的大小，即动力电池放电荷的总量为动力电池容量，单位为 Ah，影响到整车的续航里程。

动力电池系统的容量 = 单体电芯容量 × 单体电芯并联数量

4）动力电池的总能量（E）

动力电池的总能量为动力电池放电所能做的电功。

动力电池系统总能量 = 动力电池系统的额定电压 × 动力电池系统的容量，单位是 W·h。

5）能量密度

动力电池的能量密度是电池性能的另一重要指标，为单位质量/体积的电芯储存的能量，单位为 W·h/kg、W·h/L。影响到整车的续航里程。

动力电池系统的能量密度 = 动力电池系统总能量 ÷ 动力电池系统总质量

6）连接方式

动力电池系统的有两个连接方式，即串联或并联。串联用 S 表示，并联用 P 表示。如 1P100S，表示该电池系统中有 100 块电池单体串联而成。

4.1.3　动力电池管理系统

电池管理系统（BMS）是电池保护和管理的核心部件，在动力蓄电池系统中，它的作用就相当于人的大脑。它不仅要保证电池安全可靠,而且要充分发挥电池的能力,延长其使用寿命,作为电池和整车控制器以及驾驶人沟通的桥梁,通过控制接触器控制动力蓄电池组的充放电,并向 VCU 上报动力蓄电池系统的基本参数及故障信息。电池管理系统如图 4.8 中红色圈中所示。

图 4.8　逸动 EV300 电池管理系统

　　电池管理系统按性质可分为硬件和软件,按功能可分为数据采集单元和控制单元。硬件可分为主板和从板。其中,从板为数据采集单元,负责采集模组的电压和温度数据,发送至主板。主板负责保证电池安全可靠的使用,充分发挥电池的能力和延长使用寿命,通过控制接触器控制动力电池充放电,向 VCU 上报动力电池系统的基本参数及故障信息。逸动 EV300 的主板和分板如图 4.9 所示。

主板　　　　　　　　　　　　　　　　　　分板

图 4.9　逸动 EV300 的主板和分板

4.1.4　拆装动力电池

以纯电动车为例,说明动力电池的拆装过程。

1)拆卸动力电池操作步骤及注意事项

①在拆卸动力电池前,首先关闭点火开关,拔下钥匙,如图 4.10 所示。

动力电池包拆卸

图 4.10　关闭点火开关

②拆下低压蓄电池负极,并缠绕绝缘胶带,断开整车低压控制电源,如图 4.11 所示。

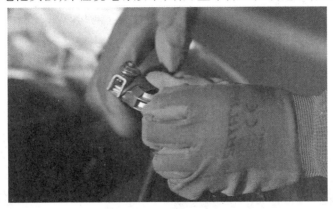

图 4.11 断开低压蓄电池负极

③拔掉安全开关插头总成,并对安全开关座进行放电、验电、绝缘检测。如图 4.12 所示。

高压断电操作

(a)安全开关

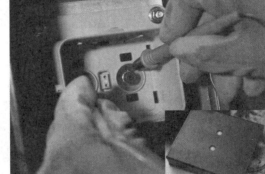

(b)高压放电

(c)绝缘检测

(d)高压回路验电

图 4.12 安全开关高压断电

注意事项:拆下的安全开关应当放置在规定地点,然后对安全开关座用绝缘胶带密封。

①举升车辆到达需要的高度,并锁止安全锁。

②分别拆下动力电池低压通讯插件、动力电池高压输出线束、直流充电输入线束。如图 4.13 所示。

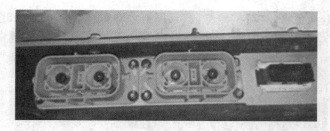

图 4.13　拔下动力电池低压和高压插件

③分别对动力电池高压输出端口、直流充电输入端口进行验电和绝缘检测。

④推入动力电池包拆卸平台,并举升至动力电池包下,并用棘杆拆下动力电池包与车身连接的螺栓,放入规定地点。如图 4.14 所示。

（a）电池包拆卸平台

（b）拆下电池包与车身连接螺栓

图 4.14　拆卸动力电池包

⑤缓慢放下电池拆卸平台,将电池包推入维修地点。如图 4.15 所示。

图 4.15　放下拆卸平台

2）安装动力电池操作步骤及注意事项

①安装前需对动力电池进行以下检查:

a. 检查电源线、插头、延长线、保护器是否破裂或损坏。

b. 检查是否有过热、冒烟、冒火花的迹象。

c. 检查是否有动力电池系统损坏（如破裂）、动力电池漏电。

d. 检查动力电池系统、电源线是否出现进水现象。

e. 检查高低压插件是否与说明书不一致或不能正常对接。

f. 检查是否有异常情况等。

动力电池包安装

如发现上述情况,请停止安装该动力电池,并立即通知售后维修人员。

②安装步骤与拆卸电池步骤相反。

注意事项:螺栓标准力矩为 96～105 N·m。当安装完毕后,观察动力电池箱体螺栓是否有松动。

③安装动力电池后,需检测动力电池能否正常工作。

a. 将点火开关打开至 START 档,查看仪表盘有无异常报警。

b. 用解码仪进入整车查看有无故障码。若无,表示运行正常。若有故障显示,需根据实际情况进行检查。

四、章节小结

1. 动力电源内部部件包括电池模组、电池管理系统、高压电器盒、热管理系统组件。

2. 动力电池系统四个重要参数:电池类型、额定电压、额定容量、连接方式。

五、任务工单

<table>
<tr><td colspan="4" align="center">任务工单</td></tr>
<tr><td>任务名称</td><td>动力电池包的拆装</td><td>姓　名</td><td></td></tr>
<tr><td>学　时</td><td>4学时</td><td>任务成绩</td><td></td></tr>
<tr><td>实训设备工具</td><td colspan="3">新能源专用工具车、新能源专用万用表、新能源专用绝缘仪、新能源专用放电工具、新能源车</td></tr>
<tr><td>任务描述</td><td colspan="3">动力电池包的拆装</td></tr>
<tr><td>任务目的</td><td colspan="3"></td></tr>
</table>

一、资讯

1.动力电池外部结构

动力电池外部通过高压线束分别与_____相连,实现放电。同时,与_____相连,实现 220 V 交流充电。与_____相连,实现 380 V 快充直流充电。另有通过 BMS 使用_____对整车控制器或充电机之间进行通讯,对动力电池系统进行充放电等综合管理。

2.动力电池内部结构

动力电池包内部由_____,_____,_____,_____,_____,_____,组成。

3.磷酸铁锂电池是指用_____作为正极材料的锂电池,标称电压为_____V,充电时终止电压为 3.6 V,放电终止电压为_____V。三元锂电池是指正极材料使用_____三元正极材料的锂电池,三元锂电池的充电终止电压在_____V 左右,放电终止电压在_____V 左右,三元锂电池标称电压为_____V。

4.动力电池系统的额定电压 = 单体电芯额定电压×_____

5.动力电池系统的容量 = 单体电芯容量×_____

6.动力电池系统总能量 = 动力电池系统的_____×动力电池系统的_____

7.动力电池系统的能量密度 = 动力电池系统_____÷动力电池系统_____

二、计划与决策

根据任务要求,确定所需要的设备、工具,并对小组成员进行合理分工,制订详细的计划。

1.需要设备工具

2.小组成员分工

续表

3. 制订计划与决策

三、实施

1. 实施步骤

2. 总结实施过程中的注意事项

四、检查

五、评估

1. 自己任务完成的情况,对自己的工作进行自我评估,并提出改进意见。

1) _____

_____

2) _____

_____

2. 工单成绩

自我评价	组长评价	教师评价	总　分

任务4.2　纯电动汽车电机驱动系统

一、任务导入

近期,4S店举行纯电动汽车导电免费检测活动。某客户的逸动EV300应邀回店参加免费检测活动。此时需要维修人员安装规范对车辆进行常规检查活动中的驱动电机的检测与维护。

二、学习目标

知识目标:

➢ 掌握纯电动汽车驱动系统原理与构成;

➢ 熟悉驱动电机和电机控制器的工作原理;

➢ 掌握检测与维护驱动系统的方法和注意事项。

职业素养目标:

➢ 严格执行新能源汽车检修规范,养成严谨科学的工作态度;

➢ 养成团队协作精神;

➢ 严格执行"6S"管理。

三、理论知识

驱动系统是电动汽车三大核心部件之一,是车辆行驶的主要执行机构,其特性决定了车辆的主要性能指标,直接影响车辆动力性、经济性和用户驾乘感受。相比传统燃油的驱动系统,纯电动汽车将电机、电机控制器和减速器取代了发动机和变速箱。

4.2.1　驱动系统原理

电机控制器在驱动系统中占有很重要的位置,即是驱动电机的电能转换中心,又是驱动电机的控制中心。如图4.16所示,在车辆动力输出过程中,动力电池输出的高压直流电,经过高压配电盒分配至电机控制器,电机控制器通过逆变器将直流电转换为交流电,通过三相交流线输出到驱动电机,作为电机的驱动动力,并通过减速器和其他传统装置将驱动电机的旋转运动传递给车轮,实现车辆的行驶。

此外,整车控制器接受车辆在不同工况下的信号,综合判断后,由低压CAN线将处理信号传递至电机控制器,电机控制器结合实际情况改变驱动电机的输出功率。同时,驱动电机中的转子位置信号和温度信号通过低压线束反馈至电机控制器中,电机控制器可实时得知驱动电机的转速和温度情况。

4.2.2　驱动电机

驱动电机、电控系统、动力电池是电动汽车的核心部分,称为"三电"。在电动汽车上驱动电机替代了传统汽车上的发动机和发电机。内燃机通常是把化学能转化为机械能驱动车辆行驶。而驱动电机既可以将电能转化为机械能驱动车辆行驶,也可作为发电机将机械能转化为电能并存储在电池上。

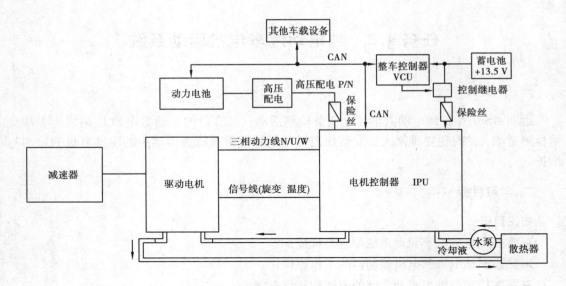

图 4.16　电机驱动系统工作原理图

驱动电机装在前机舱动力总成支架上,如图 4.17 所示,逸动 EV300 驱动电机总成安装于前舱,与减速器、传动半轴连接,通过上方两个悬置支架与机舱悬架焊接总成装配,以及后悬置支架与副车架连接。

图 4.17　驱动电机安装位置

1)驱动电机的结构

以三相交流水磁同步电机为例,驱动电机外部有三相交流线连接端口,冷却水管端口以及低压线束连接端口,如图 4.18 所示。驱动电机内部主要由定子、转子、前后端盖和旋转变压器和温度传感器组成,如图 4.19 所示。

其中,永磁同步电机的转子采用永久磁铁,和交流异步电机相比具有结构简单、运行可靠、功率密度大、能量转换率高,适合低速、高速及复杂工况,再加上永磁同步电机的体积也更小,布置更为灵活,在我国电动汽车领域应用广泛。但永磁同步电机也有技术瓶颈,因转子为永久磁铁原料,难以通过改变励磁的方法来调节转速。并且该材料为稀土原料,对工作环境要求比较苛刻,在剧烈振动或温差较大的情况下容易出现断裂或退磁。特斯拉 Model S 也因此采用异步交流电机,尽管在重量和体积方面,异步电机不占优势,但其转速范围广,以及高达 20 000 r/min 左右的峰值转速,即使不匹配二级差速器也能满足该级别车型高速巡航的转速需求。

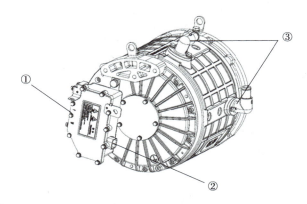

①—三相交流线端口；②—低压线束连接端口；③—冷却水管接口

图 4.18　驱动电机外部接口图

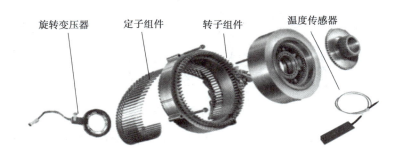

旋转变压器　　定子组件　　转子组件　　温度传感器

图 4.19　某车型驱动电机分解图

2）驱动电机的工作原理

永磁同步电机与交流异步电机工作原理大致相同,在固定电动机定子绕组中通入三相电流,在通入电流后……定子绕组中形成旋转磁场,如图 4.20 所示。由于在转子上安装了永磁体,永磁……是固定的,根据磁极的同极磁极相互排斥,异极磁极相互吸引的原理,在定子中产生的……磁场会带动转子进行旋转。

3）驱动电机运行模式

驱动电机安装在纯电动汽车上,因工况不同,也会有不同运行模式,按照挡位选择不同和行驶速度不同其运行模式可分为 4 种:儒行模式、行驶模式、滑行能量回收模式、制动能量回收模式。

（1）儒行模式

儒行模式是指在满足:车辆处于行驶模式、未踩下制动踏板、未踩下加速踏板、挡位处于 D 挡、车辆自动以 8 km/h 的速度进行行驶模式,相当于传统发动机的怠速。

（2）驱动模式

驱动模式与传统车一样,在行驶模式下,档位处于 D/R 挡,踩下加速踏板的行驶模式。由于电机具有低速加速性能好的特点,电动车加速性能非常好。

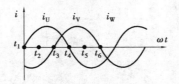

（a）定子绕组通入的三相交流电

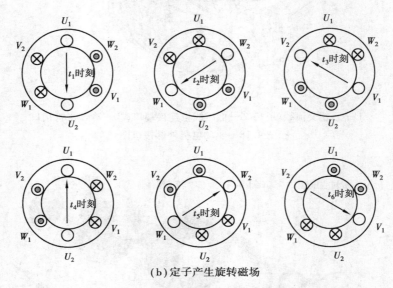

（b）定子产生旋转磁场

图4.20　定子通入三相交流电后产生旋转磁场原理图

（3）滑行能量回收

滑行能量回收模式是指车速在18 km/h之上时，松开加速踏板，车辆会利用电机发电给电池包充电，将动能转化为电能，从而降低车速的一种模式。

（4）制动能量回收模式

制动能量回收是指车速在18 km/h之上，松开加速踏板，踩下制动踏板时，进行能量回收的一种模式。

纯电动汽车在制动时主要利用机械制动和电磁制动协同工作，根据刹车工况不同可分为急刹车、中轻度刹车和长下坡刹车。其中，急刹车主要以机械制动为主，电磁制动同时工作；中轻度刹车由机械制动负责停车过程，电磁制动负责减速过程；长下坡刹车在对制动力要求不大时，可完全由电磁制动提供。

滑行能量回收和制动能量回收都可利用电磁制动来完成。电磁制动是让定子产生一个和转子实际旋转速度要慢的旋转磁场，使转子和定子旋转磁场之间有相对运动，这种运动会使电机产生制动力，也相当于定子绕组在切割磁力线，根据电磁感应原理，在绕组内部会产生感应电流，感应电流再通过逆变器转换为直流电，向动力电池包充电。如图4.21所示。

4）驱动电机的传感器

电机控制器在控制驱动电机时，需采集电机的转子位置信号和电机温度信号，这两种信号分别由旋转变压器和温度传感器进行采集。

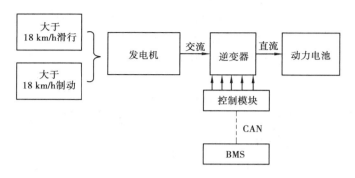

图 4.21　驱动电机制动能量回收原理框图

（1）温度传感器

电机温度传感器的作用是检测电机定子绕组的温度,并提供散热风扇起动的信号。某车型温度传感器为 PT1000 型热敏电阻,温度在 0 ℃时阻值为 100,温度每增加 1 ℃,阻值增加 3.8 Ω。散热风扇起动温度值:电机温度介于 45 ~ 50 ℃时,冷却风扇低速启动;电机温度不低于 50 ℃时,冷却风扇高速启动;电机温度降至 40 ℃时冷却风扇停止工作。图 4.22 所示为电机温度传感器。

图 4.22　某电机温度传感器

（2）旋转变压器

旋转变压器是一种使用电磁式方法进行角位移测量的传感器。特点是稳定性高,环境耐受力强,抗干扰能力强,精度较高。旋转变压器本质上是一种变压器,具有一次侧和二次侧。在一次侧施加正弦交变电压,在二次侧可得到频率一样的交变电压。其机械结构与电机相似,具有定子和转子,转子上的缺口影响一次侧与二次侧之间的磁导率,进而,二次侧输出电压幅值与转子相对位置有关,即可测得转子所在位置。如图 4.23 为磁阻式旋转变压器。

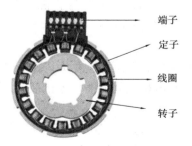

图 4.23　磁阻式旋转变压器

5）电机的低压通讯

驱动电机的旋转变压器信号和温度传感器信号通过低压通讯线束传递至电机控制器中,

57

进行解码分析后可得知电机的转速和温度情况。以逸动 EV300 为例,电机低压通讯接口共有 8 个针脚,如图 4.24 所示。其中旋转变压器共有 3 对信号,分别为激励信号正/负,正弦信号正/负,余弦信号正/负,通过这 3 组信号可得知电机转子的实时位置。温度传感器共有 1 组信号,如表 4.2 所示。

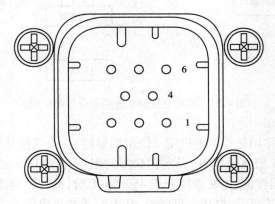

图 4.24　电机低压接插件 AMP776276 引脚示意图

表 4.2　电机低压接插件 AMP776276 引脚定义

序　号	定　义		规范值
1	激励 +	旋变激励信号;(双绞屏蔽线)	$(24 \pm 2.4)\Omega$
2	激励 −	旋变激励信号地;(双绞屏蔽线)	
3	cos +	旋变 COS 信号;(双绞屏蔽线)	$(120 \pm 12)\Omega$
4	cos −	旋变 COS 信号地;(双绞屏蔽线)	
5	sin +	旋变 SIN 信号;(双绞屏蔽线)	$(120 \pm 12)\Omega$
6	sin −	旋变 SIN 信号地;(双绞屏蔽线)	
7	tmp +	电机温度传感器信号正	1 ± 0.2 kΩ
8	tmp −	电机温度传感器信号地	

这 8 个信号电流均不超过 1 A,因此,在电机维护测量时,温度传感器和旋转变压器可采用检测其电阻值是否为规范值判断其功能的好坏。

4.2.3　电机控制器

根据 GB/T 18488.1—2006《电动汽车用电机及其控制器技术条件》对电机控制器的定义,电机控制器是控制牵引电源与电机之间能量传输的装置,由外界控制信号接口电路、电机控制电路和驱动电路组成。

电机控制器主要功能包括车辆的怠速控制(爬行),控制电机正转(前进),控制电机反转(倒车),能量回收(交流转换直流)驻坡(防溜车)。电机控制器的另一个重要功能是通信和保护,实时进行状态和故障检测,保护驱动电机系统和故障反馈。

1)电机控制器的结构

电机控制器主要由接口电路、控制主板、IGBT 模块、超级电容、放电电阻、电流感应器和壳体水道等组成。某车型电机控制器的结构如图 4.25 所示。

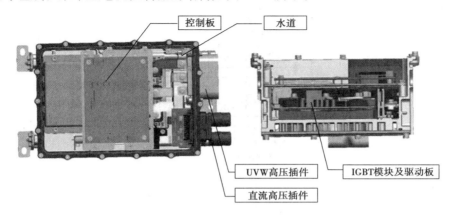

图 4.25　某车型电机控制器的结构

其中,控制主板的功能有与整车控制器通信,检测直流母线电流,控制 IGBT 模块,监控高压线束连接情况,反馈 IGBT 模块温度,旋转变压器励磁供电,旋变信号分析。

IGBT 模块的功能有检测直流母线电压,将直流电转换交流电及变频,检测相电流大小,检测 IGBT 温度,将交流电转换为直流电。

超级电容与直流母线、放电电阻连接接通高压电路时给电容充电,在电机启动时保持电压稳定。放电电容在断开高压电路时,通过电阻给电容放电。

电机控制器内使用以下传感器来提供驱动电机系统的工作信息:

①电流传感器:用以检测电机工作的实际电流(包括母线电流、三相交流电流)。

②电压传感器:用以检测供给电机控制器工作的实际电压(包括动力电池电压、12 V 蓄电池电压)。

③温度传感器:用以检测电机控制系统的工作温度(包括 IGBT 模块温度、电机控制器板载温度)。

2)电机控制器的工作原理

电机控制器系统主要由电机控制器、驱动电机、电子换挡操纵装置、加速装置,还包括高压电线、信号线和冷却系统。其主要实现以下功能:

①档位管理功能;

②扭矩解析功能;

③保证制动优先;

④电机转速及工作温度测量;

⑤网络管理和监控功能;

⑥对电机系统安全管理及系统保护功能。

电机控制器在工作时需提前接受以下信号:电子挡位信号、加速踏板信号、高压配电信号、点火开关信号、车速信号、制动信号。以上信号通过传感器传递给电机控制器,电机控制器处理以上信号后通过控制电路驱动 IGBT 模块实现直流电到交流电的转换,以驱动电机,或通过变频实现电机的调速。如图 4.26 所示。

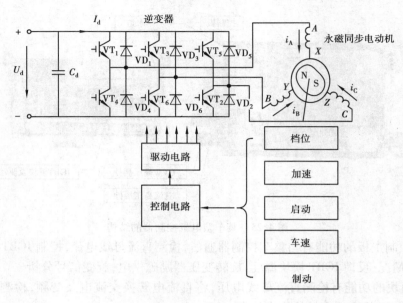

图 4.26　驱动电机原理图

3）电机控制器低压通讯

电机控制器外部有高压直流输入线束与高压配电盒连接，高压交流线束与电机连接，以及低压通讯线束，冷却水管。逸动 EV300 电机控制器结构如图 4.27 所示。

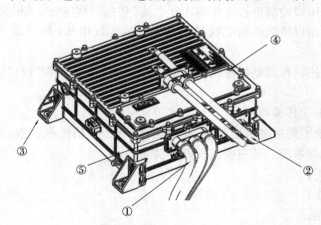

①—三相线；②—直流母线；③—电机控制器支架安装孔装配 M8 组合螺栓；
④—接线盒安装螺栓 M5；⑤—线束安装螺栓（接控制器壳体）M5

图 4.27　逸动 EV300 电机控制器结构

其中，低压通讯线束分别接受来自电机的旋变信号、温度传感器信号，以及通过 CAN 线与整车控制器保持通讯，逸动 EV300 的电机控制器低压接口定义如表 4.3 所示。

表 4.3　逸动 EV300 电机控制器低压接插件引脚定义

序　号	定　义	
1	R1 激励 +	旋变激励信号(双绞屏蔽线)
2	R2 激励 –	旋变激励信号地(双绞屏蔽线)
3	tmp +	电机温度传感器信号
4	tmp –	电机温度传感器地
5	预留	/
6	CANL_1	(双绞屏蔽线)
7	CANH_1	(双绞屏蔽线)
8	预留	/
9	S2 sin +	旋变 SIN 信号(双绞屏蔽线)
10	S4 sin –	旋变 SIN 信号地(双绞屏蔽线)
11	预留	/
12	预留	/
13	高压互锁	/
14	高压互锁	/
15	IPU – p 工作电源	(+12V)要求 6～18 V 正常工作
16	S1cos +	旋变 COS 信号(双绞屏蔽线)
17	S3 cos –	旋变 COS 信号地(双绞屏蔽线)
18	预留	/
19	预留	/
20	预留	/
21	预留	/
22	预留	/
23	GND	地

4.2.4　电机驱动系统故障排除

当电机驱动系统出现故障时,驱动电机控制器将故障信息发送给整车控制器。整车控制器根据电机、动力电池、DC/DC 等零部件故障和整车 CAN 网络故障及整车控制器硬件故障进行综合判断,确定整车的故障等级,并进行相应的控制处理。

电机驱动系统的故障发生分为三大块,一是电机控制器电路,二是驱动电机,三是电机驱动系统插件。电机控制器电路包括电源电路、高压电路系统、与整车控制器的通讯、IGBT 模块、传感器解码模块,它是保证系统正常工作的前提。驱动电机包括定子绕组、旋变和温度传感器。电机驱动系统插件包括高压插件和低压插件。

在检修电机驱动系统的故障时,首先使用诊断仪检查故障码,根据故障码的提示分析故障可能原因并进行线路和电气元件的检查。驱动电机常见故障及排除方案见表4.4。

电机控制器 CAN 线故障

表4.4　电机驱动系统常见故障及排除方案

序号	故障名称	故障码	故障可能原因	解决办法
1	电机过温	P1901	1)冷却系统工作异常	检查冷却液是否充足,水泵是否工作正常,冷却管是否堵塞或堵气
			2)电机低压信号线插头连接松动或退针	检查信号线插头
			3)电机本体损坏(长时间过载)或温度传感器损坏	检查温度传感器阻值是否超出 1 ± 0.2 kΩ 范围,更换电机
2	电机超速	P190B	1)整车负载突然降低。电机转矩控制失效	如重新供电不复现
			2)电机低压信号线插头连接松动或退针	检查信号线插头
			3)控制器损坏	更换控制器
			4)电机旋变损坏	检测电机端旋变激励正负、Sin 正负、Cos 正负两端的电阻,是否分别为:(24 ± 2.4) Ω、(120 ± 12) Ω、(120 ± 12) Ω
3	电机控制器 IGBT 过温	P1903	1)冷却系统工作异常	检查冷却液是否充足,水泵是否工作正常,冷却管是否堵塞或堵气
			2)IGBT 损坏或温度传感器损坏	更换电机控制器
4	电机过流	P1907	电机控制器三相线端口、三相线、电机三相线端口出现绝缘故障	检测相关端口、线束的绝缘情况
5	电机控制器过压	P1908	电机系统突然大功率充电;高压回路非正常断开	分析整车数据,如果电压报文与实际电压不相符,则需要检查高压供电回路、高压主继电器、高压插件有无异常
6	与整车控制器通信丢失	P1911	未收到整车控制器信号;网络干扰严重;线束问题	检查 23pin 线束连接是否正常,检查 CAN 网络通信是否正常,或更换控制器

四、章节小结

1.驱动电机、电控系统、动力电池是电动汽车的核心部分,称为"三电"。

2.驱动电机运行模式可分为4种:儒行模式、行驶模式、滑行能量回收模式、制动能量回收模式。

电机驱动系统的故障发生分为三大块:一是电机控制器电路,二是驱动电机,三是电机驱动系统插件。电机控制器电路包括电源电路、高压电路系统、与整车控制器的通信、IGBT模块、传感器解码模块,它是保证系统正常工作的前提。

五、任务工单

任务工单			
任务名称	电机驱动系统故障排除	姓 名	
学 时	4 学时	任务成绩	
实训设备工具	新能源专用工具车、新能源专用万用表、新能源专用解码仪		
任务描述	驱动电机超速故障排除		
任务目的			

一、资讯

在电机与控制器低压线束连接正确时,如果旋转变压器出现故障,一般分为两种情况:一种是旋转变压器本身故障,另种为控制器旋变解码电路故障。不管哪一种故障,都将会导致电机系统无法起动或转矩输出偏小。

1. 首先检查_____与_____连接低压线束无退针与虚接现象,检查_____低压控制插件12 V供电是否正常。

2. 检查旋变线圈的电阻值用万用表测量电机端旋变传感器的阻值。正确的线圈阻值经查维修手册应为:

旋变激励电阻规范值:_____Ω;

旋变正弦电阻规范值:_____Ω;

旋变余弦电阻规范值:_____Ω;

若线圈的限值超出正常范围,需更换_____。

3. 检查电机控制器与电机旋变连接低压线束的通断情况,可脱开电机控制器插头,检查23pin 中的_____和_____、_____和_____、_____和_____的电阻值,若与规范值一致,且与电机端测得阻值一致,说明该低压线束_____。

若旋变阻值正常,且低压线束通断正常,则可能是控制器内部旋变解码电路故障,需更换控制器主控板。

二、计划与决策

根据任务要求,确定所需要的设备、工具,并对小组成员进行合理分工,制订详细的计划。

1. 需要设备工具

2. 小组成员分工

3. 制订计划与决策

续表

三、实施	

1. 实施步骤

2. 总结实施过程中的注意事项

四、检查

五、评估

1. 自己任务完成的情况,对自己的工作进行自我评估,并提出改进意见。

1)_____

_____

2)_____

_____

2. 工单成绩

自我评价	组长评价	教师评价	总　分

任务 4.3　纯电动汽车充电系统

一、任务导入

某客户反映,在使用快充桩充电时,充电异常。

二、学习目标

知识目标:

➢ 了解充电系统的组成、作用;

➢ 掌握充电系统的工作原理;

➢ 能够正确诊断及排除充电系统故障。

职业素养目标:

➢ 严格执行新能源汽车检修规范,养成严谨科学的工作态度;

➢ 养成团队协作精神;

➢ 严格执行"6S"管理。

三、理论知识

作为以电能为动力的电动汽车,充电系统是新能源汽车主要的能源补给系统,分为常规充电(俗称慢充)和快速充电(俗称快充)两种方式,如图 4.28 所示。

功能:根据动力电池的实时状态进行控制启动充电和停止充电;并根据动力电池的电量、温度控制充电电流的调节和动力电池加热。

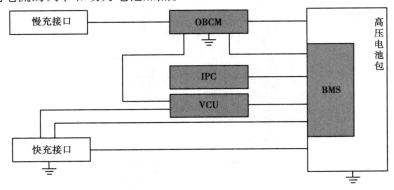

图 4.28　能源补给系统示意图

4.3.1　快充系统

快速充电也可以称为直流充电或应急充电。其充电方式主要是通过地面充电装置(直流充电桩)将交流电网电能转化为直流电后通过充电连接器再对电动汽车进行充电。目的是在短时间内给电动汽车充入大量电能,主要针对长距离旅行或需要进行快速补充电能的情况进行充电,通常充电时间为 10～30 min。直流充电电压为 400 V 或 750 V,电流为 125 A 或 250 A。由于充电功率较大,故这种充电方式对电网负荷有较高的要求。

1)快充系统的结构组成

快充系统一般使用工业380 V三相电,通过功率变换后,直接将高压大电流通过动力电池高压线束给动力电池充电。

快充系统主要部件有:供电设备(快充桩)、快充口、快充线束、电池高压线束、动力电池等,如图4.29所示。

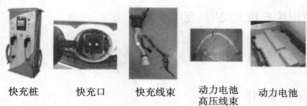

快充桩　　快充口　　快充线束　动力电池　动力电池
　　　　　　　　　　　　　　　高压线束

图4.29　快充系统的主要部件

快充系统的充电流程:

直流桩充(快充,充电时间≤0.75 h):指使用特定的直流充电设备快速对电池进行充电的方式。

(1)充电桩

充电桩(图4.30)功能类似于加油站里面的加油机,快充桩的输入端与交流电网380 V三相电直接连接,内部直接将高压交流电转化为高压直流电,输出端装有充电插头用于连接快充口。一般电压300~350 V,电流40~150 A,功率30 kW、45kW、60 kW、80 kW。

图4.30　纯电动汽车快充桩

（2）快充口

快充口一般位于发动机舱前方车标内部，用于与充电线连接，如图4.31、图4.32所示。

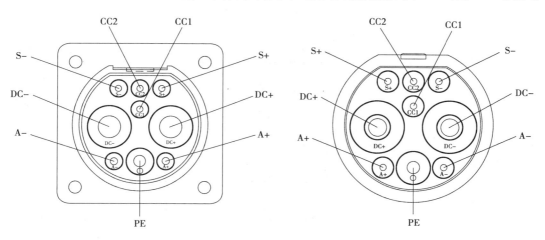

图4.31　插头触头分布图　　　　　　　图4.32　插座触头分布图

（3）快充口端子定义（表4.5）

表4.5　快充口端子定义

触头编号/标识	额定电压和额定电流	功能定义
DC +	750 V　125 A/250 A	直流电源正，连接直流电源正与电池正极
DC −	750 V　125 A/250 A	直流电源负，连接直流电源负与电池负极
PE		保护接地（PE）连接供电设备地线和车辆车身地线
S +	30 V　2 A	充电通信 CAN_H，连接非车载充电电机与电动汽车的通信线
S −	30 V　2 A	充电通信 CAN_L，连接非车载充电电机与电动汽车的通信线
CC1	30 V　2 A	充电连接确认1
CC2	30 V　2 A	充电连接确认2
A +	30 V　20 A	低压辅助电源正，连接非车载充电机为电动汽车提供的低压辅助电源
A −	30 V　20 A	低压辅助电源负，连接非车载充电机为电动汽车提供的低压辅助电源

2）快充系统的工作原理

工作原理：如图4.33所示，图中 K1、K2 为充电桩高压正、负继电器；K3、K4 为充电桩低压正、负继电器，供电输出给车辆控制器 K5、K6 为电池高压正、负继电器；检测点 1 即 1—1 为充电桩检测快充插头与车辆连接状态识别信号；检测点 2 即 2—2 为车辆控制器检测快充插头与车辆连接状态识别信号。

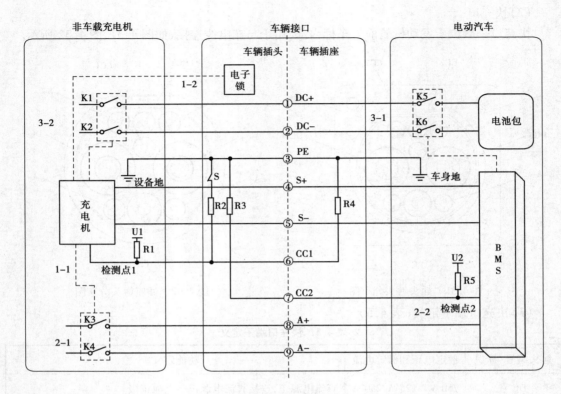

图 4.33　快充系统工作原理

1－1:充电机测量检测点 1 的电压是否为 4 V,来判断插头和插座是否已完全连接。

1－2:如检测点 1 电压为 4 V,则判断车辆接口完全连接,充电机控制电子锁锁止。

2－1:在车辆接口完全连接后,充电机自检成功,则闭合 K3 和 K4,A＋、A－行成回路,同时向 BMS 发送"充电机识别报文"。

2－2:BMS 得到充电机提供的低压辅助电源后,BMS 测量检测点 2 的电压是否为 6 V,来判断车辆接口是否已完全连接,如果判定为完全连接,BMS 向充电机开始发送"电池管理系统识别报文"。

3－1:BMS 与充电机握手和配置后,BMS 闭合 K5 和 K6,使充电 DC＋、DC－回路导通。

3－2:充电机闭合接触器 K1 和 K2,使直流供电回路导通。

3）快充系统充电条件

快充系统完成正常充电需要满足以下条件:

①充电连接确认信号 1－1、2－2 正常;

②BMS 供电电源 12 V 正常;

③A＋充电唤醒信号 12 V 输出正常;

④充电桩、整车控制器、BMS 之间通信正常;

⑤动力电池电芯温度介于 5～45 ℃;

⑥单体电池最高电压与最低电压差低于 300 mV;

⑦单体电池最高温度与最低温度低于 15 ℃;

⑧绝缘性能高于 500 Ω/V;

⑨实际单体最高电压不大于额定单体电压 0.4 V;

⑩高、低压电路连接正常(远程开关关闭状态)。

4)快充系统常见故障排除

常见故障:

①快充桩与车辆无法通信。快充桩与车辆无法通信的主要原因有:线路熔丝损坏,搭铁点搭铁不良,快充枪、快充口、快充线束、低压电器盒、整车控制器、动力电池低压控制插件等部件的损坏,低压辅助电源针脚、连接确认针脚、快充 CAN 针脚等损坏,退针,烧蚀,锈蚀,动力电池和数据采集终端快充 CAN 总线间的电阻不符合。

②快充桩与车辆通信正常但无充电电流。快充桩与车辆通信正常但无充电电流的主要原因有:高压控制盒快充继电器线路熔丝损坏、主熔丝损坏、低压电器盒损坏、高压控制盒损坏、快充线束损坏、动力电池 BMS 快充失常。

故障排除思路:

排除"快充桩与车辆无法通信"故障,首先检查线路连接情况,然后检查快充系统各部件低压辅助电源、连接确认信号、快充 CAN 线路等的针脚情况,以及电压、电阻等是否符合要求。排除"快充桩与车辆通信正常无充电电流"故障时,显然没有了低压通信的问题,应检查高压供电线路的熔丝、线束、继电器等有无问题,检查动力电池与高压控制盒连接插件的电压,检查动力电池 BMS 快充信号是否正常,检查高压控制盒快充连接端子电压是否正常,有电压则联系动力电池厂家售后对动力电池检测,无电压则更换高压控制盒。

充电异常:

以某电动车为例,通过图 4.33 的工作原理分析故障思路如表 4.6 所示。

表 4.6 快充系统故障排查表

故障原因	排查方法
1. VCU 没有被唤醒	检查充电口 A + 与 VCU46 号针脚通断
2. BMS 没有被唤醒	检查 CC2 与 BMs12 号针脚通断
3. BMS 与桩的 CAN 通讯线束有问题	S + 到 BMS 的 8 号引脚通断,检查 S − 到 17 号引脚通断
4. CC1/CC2 阻值不正确	CC1 对地 1 000 Ω
5. VCU 与 BMS 的软件版本不对应	刷写正确对应的软件
6. 档位手刹位置不正确	恢复档位手刹到正确位置
7. 高压线束松动或内部接插不良	检查高压线束
8. BMS 报直流充电相关故障	如直流继电器粘连或断开,则需开包更换直流继电器

4.3.2 慢充系统

1)慢充系统组成

慢充系统使用交流 220 V 单相民用电,通过车载充电机整流变换,将交流电变换为高压直流电给动力电池供电。

慢充系统主要部件有供电设备、慢充口、慢充线束、车载充电机、高压控制盒和动力电池等,如图 4.34 所示。

慢充桩—充电线
慢充口
慢充线束
车载充电机
高压控制盒
动力电池

图 4.34　慢充系统组成

慢充充电是交流电进入车载充电机，经其转换后输出直流电，对动力电池进行充电的方式，所以交流充电一般需要在电动汽车上装配车载充电机。

(1)充电桩——充电线

2014 年及以后生产的纯电动车辆随车配备双弯头充电，该类型充电线分为 16 A 和32 A 两种，如图 4.35 所示。

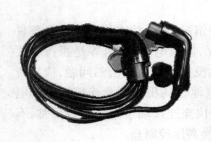

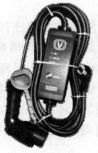

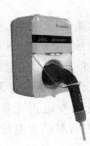

产品名称
家用交流便携式充电桩
技术参数
额定输入电压：AC220 V ± 20%
额定输出电压：AC220 V ± 20%
功率3.5 kW
工作环境温度：-20~50 ℃
防护等级：IP65

图 4.35　充电桩(充电线)

(2)充电口(图 4.36)

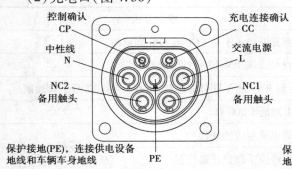

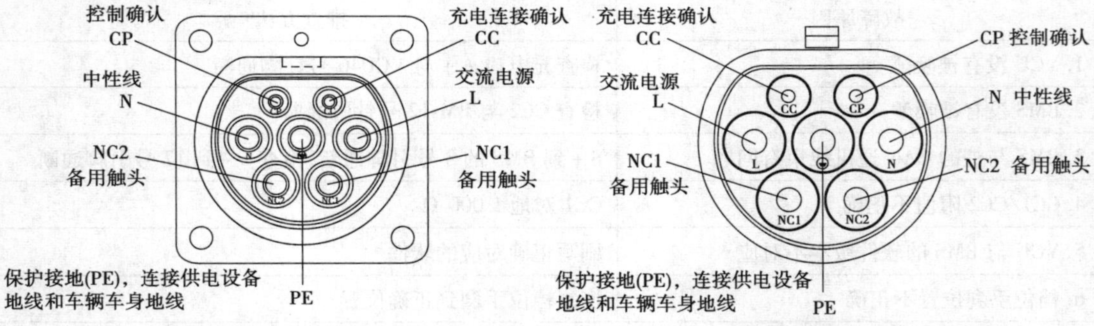

控制确认
CP
中性线
N
NC2
备用触头
充电连接确认
CC
交流电源
L
NC1
备用触头
保护接地(PE)，连接供电设备
地线和车辆车身地线
PE
车辆供电插座触头分布图
充电连接确认
CC
交流电源
L
NC1
备用触头
CP 控制确认
N 中性线
NC2 备用触头
保护接地(PE)，连接供电设备
地线和车辆车身地线
PE
线束供电插头触头分布图

图 4.36　慢充口

表 4.7　慢充口端子定义

触头编号/标识	额定电压和额定电流	功能定义
L	250 V/440 V　16 A/32 A	交流电源
NC1		备用触头
NC2		备用触头
N	250 V/440 V　16 A/32 A	中性线

触头编号/标识	额定电压和额定电流	功能定义
PE		保护接地(PE),连接供电设备地线和车辆车身地线
CC	30 V 2 A	充电连接确认
CP	30 V 2 A	控制确认

(3)电源补给系统

电源补给系统总成具有两种工作模式(图4.37):

上电初始化后,按照CAN总线充电参数指令为动力蓄电池充电;

上电初始化后,按照CAN总线放电参数指令为交流用电器供电。

图4.37 电源补给系统

电源补给系统总成包括OBC部分和DCDC部分,图4.38是接口示意图。

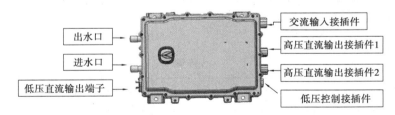

图4.38 电源补给系统总成接口示意图

车载充电机基本技术要求:

①充电功能:车载充电机根据BCU发出的指令输出相应的电压、电流,对动力电池进行充电。

②CAN通讯功能:充电机与HCU、BCU可进行CAN通信,并根据HCU、BCU发出的指令输出相应的电压、电流。

③保护功能:充电机具备通信故障保护功能、输入过压保护功能、输入欠压保护功能、输出过压保护功能、输出欠压保护功能、输出过流保护功能、过温保护功能等。

④故障存储功能：充电机具备故障存储功能，并能通过诊断仪对故障进行读取，同时将故障反馈给上位机。

2）慢充系统充电流程（图4.39）

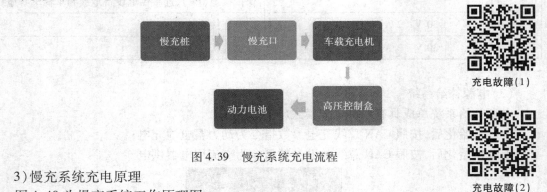

充电故障（1）

充电故障（2）

图4.39　慢充系统充电流程

3）慢充系统充电原理

图4.40为慢充系统工作原理图。

①当车辆插头与车辆插座插合后，充电桩通过测量检测点4电压值来判断供电插头与插座是否完全连接，车辆控制装置通过测量 Rc 电阻值来确认车辆接口是否完全连接（CC 检测）。

②如果充电桩无故障，并且供电接口已完全连接，则 S1 从 +12 V 连接状态切换至 PWM（脉冲宽度调制）连接状态，充电桩控制装置发出 PWM 信号。充电柱通过检测1的电压值来判断充电装置是否完全连接。车辆控制装置通过测量检测点2的 PWM 信号，判断充电连接装置是否已完全连接（CP 检测）。

③在车载充电机（OBC）自检没有故障，并且电池组处于可充电状态时，车辆装置闭合 S2。

④当电动汽车和充电桩建立电气连接后，车辆控制装置通过判断检测点2的 PWM 信号占空比确认供电设备的最大可供电能力，并且通过判断 Rc 电阻值来确认电缆的额定容量。车辆控制装置对充电桩当前提供的最大供电电流值、车载充电机的额定输入电流值及电缆的额定容量进行比较，将其最小值设定为车载充电机当前最大允许输入电流，当设置完成后，车载充电机开始对电动汽车进行充电。

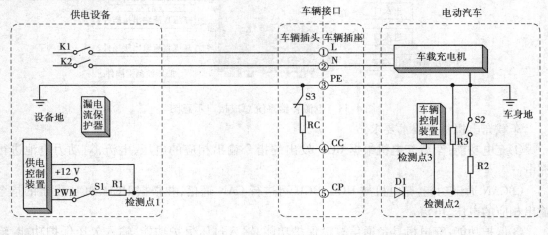

图4.40　慢充工作原理

4）交流充电条件

①充电线连接确认信号 CC、CP 正常；

②充电机供电电源 220 V 和 12 V 正常，充电机正常工作；

③车载充电机给 BMS 充电唤醒信号 12 V 输出正常；

④充电机、整车控制器、BMS 之间通信正常，主继电器闭合、发送电流强度需求；

⑤0 ℃ <动力电池电芯温度低于 45 ℃；

⑥单体电池最高电压与最低电压差低于 300 mV；

⑦单体电池最高温度与最低温度低于 15 ℃；

⑧绝缘性能高于 500 Ω/V；

⑨实际单体最高电压不大于额定单体电压 0.4 V；

⑩高、低压电路连接正常（远程开关关闭状态）。

5）慢充系统常见故障

常见故障：

①充电桩显示车辆未连接。充电桩显示车辆未连接的主要原因有充电枪安装不到位，车辆与充电桩两端枪反接。

②动力电池继电器未闭合。动力电池继电器未闭合的主要原因有插接器是否正常连接，车载充电机输出信号是否正常。

③动力电池继电器正常闭合，但充电机无输出电流。主要原因有车端充电枪是否连接到位，高压熔丝是否熔断，高压插接器及线缆是否正确连接。

表 4.8 为故障排除思路：

①线路连接情况检查慢充桩——充电线、慢充口、慢充线束、车载充电机、高压控制盒、动力电池之间的线路连接是否良好。

②检查低压供电及输入信号是否正常，检查车载充电机指示灯状态，如三个灯都不亮，表示没有电源输入，分别检查线路熔丝、充电线、慢充口、慢充线束是否正常，若正常，更换车载充电机；检查车载充电机的 12 V 电源及慢充输入信号是否正常，高压控制盒内的车载充电机熔断器是否损坏，动力电池 12 V 输入信号是否正常，整车控制器、动力电池等部件的新能源 CAN 总线是否正常；动力电池低压控制端搭铁及整车控制器控制搭铁是否正常。

③检查高压电路是否正常，如果低压电路正常，充电仍无法完成，逐步检查充电线、慢充线束、车载充电机、高压控制盒、动力电池之间的高压电是否正常，是线束故障还是部件故障。

④使用故障诊断仪检查，使用故障诊断仪分别检查动力电池及车载充电机的工作状态，对数据进行分析，找出故障所在。

表 4.8　充电异常故障排除

1. 有高压故障，不允许充电	排除高压故障
2. 车辆处于预约充电状态	取消预约充电状态
3. 车辆档位不处于 P/N 挡或手刹未拉起	把档位换至 P/N 挡，拉起手刹
4. 软件版本不对应	更新整车控制器和电池管理系统的程序到对应的版本
5. 充电机未被唤醒	维修充电机

续表

6. VCU 未被正常唤醒	更换 VCU
7. BMS 未被正常唤醒	更换 BMS
8. 高压线束未接插到位,导致高压母线无电流	更换相关高压线束

四、章节小结

1. 快速充电也可以称为直流充电或应急充电。其充电方式主要是:通过地面充电装置(直流充电桩)将交流电网电能转化为直流电后,通过充电连接器再对电动汽车进行充电。目的是在短时间内给电动汽车充入大量电能,主要针对长距离旅行或需要进行快速补充电能的情况进行充电,通常充电时间为 10 ~ 30 min。直流充电电压为 400 V 或 750 V,电流为 125 A 或 250 A。由于充电功率较大,故这种充电方式对电网负荷有较高的要求。

2. 慢充充电是交流电进入车载充电机,经其转换后输出直流电,对动力电池进行充电的方式,所以交流充电一般需要在电动汽车上装配车载充电机。

五、任务工单

任务工单				
任务名称	充电异常故障(慢充)		姓　名	
学　时	4学时		任务成绩	
实训设备工具	新能源专用工具车、新能源专用万用表、新能源专用解码仪、放电仪、绝缘仪和新能源汽车			
任务描述	充电异常故障排查			
任务目的				

一、资讯

1. 慢充系统充电流程:

_____

_____

_____。

2. 慢充系统充电口定义

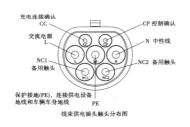

线束供电插头触头分布图

触头编号/标识	功能定义
L	
NC1	
NC2	
N	
PE	
CC	
CP	

二、计划与决策

根据任务要求,确定所需要的设备、工具,并对小组成员进行合理分工,制订详细的计划。

1. 需要设备工具

续表

2.小组成员分工

3.制订计划与决策

三、实施

1.实施步骤

2.总结实施过程中的注意事项

四、检查

五、评估

1.自己任务完成的情况,对自己的工作进行自我评估,并提出改进意见。

1)＿＿＿＿＿＿＿＿＿＿＿＿＿＿＿＿＿＿＿＿＿＿＿＿＿＿＿＿＿＿＿＿＿＿＿＿＿

＿＿＿＿＿＿＿＿＿＿＿＿＿＿＿＿＿＿＿＿＿＿＿＿＿＿＿＿＿＿＿＿＿＿＿＿＿＿

2)＿＿＿＿＿＿＿＿＿＿＿＿＿＿＿＿＿＿＿＿＿＿＿＿＿＿＿＿＿＿＿＿＿＿＿＿＿

＿＿＿＿＿＿＿＿＿＿＿＿＿＿＿＿＿＿＿＿＿＿＿＿＿＿＿＿＿＿＿＿＿＿＿＿＿＿

2.工单成绩

自我评价	组长评价	教师评价	总　分

任务 4.4　纯电动汽车整车控制系统

一、任务导入

某 4S 店维修人员,需要对某款纯电动车整车系统进行维修,发现整车无法启动,经诊断发现整车控制系统出现问题,需要知道整车高压系统工作原理。

二、学习目标

知识目标:

➢ 熟悉纯电动汽车控制系统结构;

➢ 了解纯电动汽车控制系统工作原理;

➢ 了解纯电动汽车控制系统诊断及故障。

职业素养目标:

➢ 严格执行新能源汽车检修规范,养成严谨科学的工作态度;

➢ 养成团队协作精神;

➢ 严格执行"6S"管理。

三、理论知识

纯电动车整车控制系统进行维修时,需要具备专业的安全防护及工具使用,对整车高控制系统维修时,应具备纯电动车整车控制系统结构及原理,具体知识如下:

➢ 纯电动车高压专用防护套装使用;

➢ 纯电动车专用解码仪及专用工具使用;

➢ 纯电动车整车控制系统结构认识;

➢ 纯电动车整车仪表指示灯认识;

➢ 纯电动车整车控制系统工作原理。

4.4.1　纯电动车整车控制系统结构认识

纯电动汽车整车高压系统主要有动力电池、动力系统、热管理系统及充电供电系统及其他辅助电器系统等组成,图为纯电动汽车结构示意图 4.41,电动汽车结构示意图缩略英文对应中文表如表 4.9 所示。

表 4.9　纯电动汽车结构示意图缩略英文对应中文表

缩略语	ACCM	BCU	DC-DC	VCU	HVAC	IP	IPU	MSD	OBC	PTC	RMU
中文名称	压缩机控制器	电池管理单元	直流变换器	整车控制器	热管理系统	仪表	电机控制器	高压安全开关	车载充电机	电加热器	远程监控单元

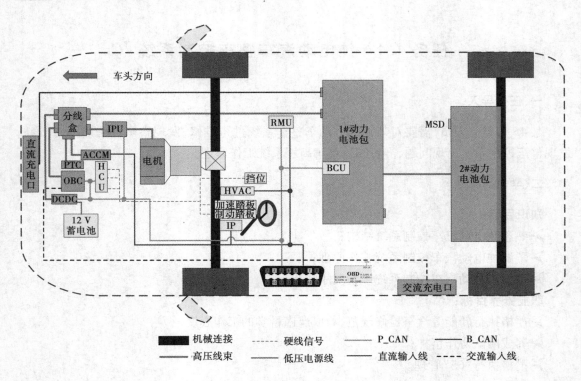

图 4.41　纯电动汽车结构示意图

4.4.2　纯电动车整车仪表指示灯认识

纯电动车整车仪表指示灯主要有纯电动车整车专用和传统汽车仪表指示灯组成,如图4.42纯电动车整车仪表指示灯。

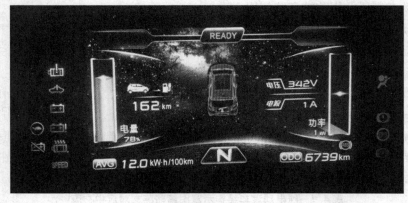

图 4.42　纯电动汽车仪表指示灯

纯电动车整车专用汽车仪表指示灯主要有以下几种指示灯,具体作用如下:

①READY 灯:运行准备就绪,可行驶状态。

②远光灯:远光灯工作时点亮。

③近光灯:近光灯工作时点亮。

④左转向灯:左转向灯工作时点亮。

⑤右转向灯:右转向灯工作时点亮。

⑥位置灯:位置灯工作时点亮。

⑦后雾灯:后雾灯工作时点亮。

⑧动力电池切断指示:整车动力系统切断时点亮。

⑨制动液位低/EBD 指示/手刹拉起/制动系统故障指示:制动液位低时点亮;电子制动力分配故障时点亮;手刹拉起的时候点亮;制动系统故障时点亮。

⑩动力电池充电状态指示:此灯亮起时表示正在充电。

⑪充电线连接状态指示:此灯亮起时表示充电枪已连接。

⑫主驾驶安全带未系提示:提醒驾驶员系好安全带。

⑬电机故障指示灯:电机故障时点亮。

⑭电机过热指示灯:电机过热时点亮。

⑮EPS 故障:电子助力转向故障时点亮。

⑯电池高温警告:表示动力电池过热。

⑰ABS 指示:防抱死制动系统故障。

⑱低电荷状态警告:电量低提示。

⑲高压互锁指示灯:高压互锁故障。

⑳副驾驶安全带:提醒乘客系好安全带。

㉑防盗指示:整车进入防盗状态。

㉒车辆低速报警音关闭:当车辆低速行人蜂鸣报警器报警音关闭时点亮。

㉓能量回收指示:当有能量回馈时点亮。

㉔动力系统故障:整车动力系统故障时点亮。

㉕安全气囊故障指示:当安全气囊出现故障时点亮。

㉖绝缘故障警告灯:提示用户绝缘电阻过低。

㉗蓄电池充电故障:整车蓄电池在供电或 DCDC 故障时,指示灯点亮。

㉘胎压故障(预留):当四轮胎压压力报警或者胎温报警或者胎压系统故障,指示灯点亮。

㉙动力电池故障指示灯:当动力电池有故障或当前电池容量过低/过充/温度过高时指示灯点亮。

㉚功率限制指示:表示车辆有故障,进入跛行状态,此时车辆能启动但性能较差,需用户开去修理。

㉛车速表:显示当前车速,显示范围为 0~199 km/h。

㉜瞬时功率:输出功率与回收功率显示,输出功率最大值为 125 kW,回收功率最大值为 65 kW。

㉝电量表及续航里程:显示剩余电量及可行驶里程。

㉞日期:显示年月日。

㉟挡位、ODO 及 Trip:显示当前挡位、总计里程及小计里程;其中总计里程显示最小单位为 1 km,小计里程最大值为 999.9 km,最小值为 0.1 km。

㊱蓝牙:表示蓝牙连接状态。

㊲时间:当前时间显示。

㊳电流、电压、转速显示:当前电压电流值及电机转速。

4.4.3　纯电动车整车控制系统工作原理

纯电动车整车控制系统工作原理主要有放电和充电状态两种工作状态。

高压互锁故障

1）纯电动车整车控制系统高压放电工作状态

纯电动车整车控制系统高压放电状态主要通过动力电池主正和主负连接高压分线盒,高压分线盒分别给电机控制器、DC-DC、空调压缩机及 PTC 进行提供高压电。如图 4.43 为纯电动车整车控制系统高压放电工作原理。

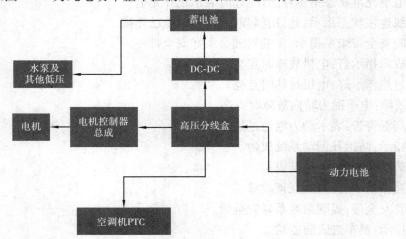

图 4.43　纯电动车整车控制系统高压放电工作原理

纯电动汽车驱动电机工作原理是动力电池将高压电输送进入高压分线盒,高压分线盒将直流高压电输入电机控制器总成,然后转变成三相交流的高压电输入到纯电动驱动电机,使驱动电机进行工作,将力矩传递到汽车轮胎,使整车进行行驶。

纯电动汽车通过 DC-DC 或蓄电池提供全车低压电源。在高压动力电没有时,全车低压电有蓄电池进行供电,当整车高压动力电工作时,动力电池将高压电输送进入高压分线盒,高压分线盒将直流高压电输入 DC-DC 转变成 12 V 左右低压电,然后对蓄电池充电及对整车进行低压供电。

在汽车使用空调或对室内进行升温时,动力电池将高压电输送进入高压分线盒,高压分线盒将直流高压电分别输入空调压缩机和 PTC,空调压缩机进行工作对整车进行制冷,PTC 加热片加热对驾驶室内进行供热。

2）纯电动车整车控制系统高压充电工作状态

纯电动车整车控制系统高压充电工作状态主要有直流和交流充电。

纯电动车整车控制系统高压交流充电工作状态如图 4.44 所示。

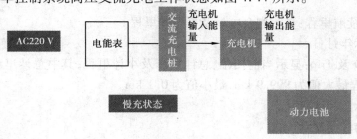

图 4.44　纯电动车交流慢充示意图

纯电动车整车控制系统高压交流充电工作原理高压交流 220 V 电通过交流充电桩输入到车载充电机,车载充电机转变为直流高压电对整车动力电池进行充电。

纯电动车整车控制系统高压直流充电工作状态如图 4.45 所示。

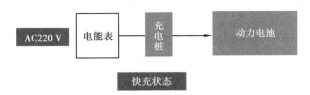

图 4.45 纯电动车直流快充示意图

纯电动车整车控制系统高压直流充电工作原理高压交流 220 V 电通过充电桩转变为直流高压电,然后直接对动力电池进行充电。

四、章节小结

1. 高压电的安全防护,包括个人防护和工具防护能够正确使用。

2. 纯电动车整车控制系统结构认识,主要认识整车高压系统的零部件动力电池、DC-DC直流变换器、高压盒、压缩机、PTC 等。

3. 纯电动车整车仪表指示灯认识,主要对纯电动整车专用的动力电池、电机等指示灯进行掌握并知道作用,同时对转向、制动灯加深认识。

4. 纯电动车整车控制系统工作原理主要掌握整车高压放电状态、交流慢充以及直流快充的工作原理。

五、任务工单

任务工单				
任务名称	纯电动汽车整车控制系统		姓　名	
学　时	4 学时		任务成绩	
实训设备工具	纯电动汽车整车、交直流充电桩,纯电动汽车专用维修工具			
任务描述	纯电动汽车整车控制系统			
任务目的				

一、资讯

1. 结合实际车辆认识新能源零部件

部　件	认识√	部　件	认识√	部　件	认识√
动力电池		车载充电机		直流快充口	
高压电器盒/PEU		电机控制器		交流慢充口	
维修开关		PTC 加热		水泵	
DC-DC 转换器		整车控制器			

2. 结合实车认识纯电动汽车车辆充电状态及运行状态能量运线图

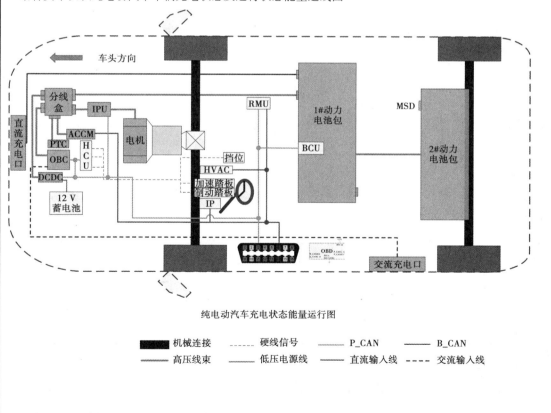

纯电动汽车充电状态能量运行图

续表

纯电动汽车运行状态能量运行图：

二、计划与决策

根据任务要求,确定所需要的设备、工具,并对小组成员进行合理分工,制订详细的计划。

1.需要设备工具

2.小组成员分工

3.制订计划与决策

三、实施

1.实施步骤

2.总结实施过程中的注意事项

四、检查

五、评估

1.自己任务完成的情况,对自己的工作进行自我评估,并提出改进意见。

1)＿＿＿＿＿＿＿＿＿＿＿＿＿＿＿＿＿＿＿＿＿＿＿＿＿＿＿＿＿＿＿＿＿＿＿＿＿＿

2)＿＿＿＿＿＿＿＿＿＿＿＿＿＿＿＿＿＿＿＿＿＿＿＿＿＿＿＿＿＿＿＿＿＿＿＿＿＿

＿＿＿＿＿＿＿＿＿＿＿＿＿＿＿＿＿＿＿＿＿＿＿＿＿＿＿＿＿＿＿＿＿＿＿＿＿＿

2.工单成绩

自我评价	组长评价	教师评价	总　分

任务4.5　纯电动汽车空调热管理系统

一、任务导入

某客户反映某纯电动汽车空调热管理系统不制热,作为一名维修电动汽车的技师,该如何帮客户进行检查并排除热管理系统不制热故障?

二、学习目标

知识目标:

➢ 掌握空调制冷系统的构造和工作原理;

➢ 掌握制热系统的构造和工作原理;

➢ 掌握冷却系统的构造和工作原理;

➢ 了解送风系统的构造和原理。

职业素养目标:

➢ 严格执行新能源汽车检修规范,养成严谨科学的工作态度;

➢ 养成团队协作精神;

➢ 严格执行"6S"管理。

三、理论知识

热管理系统可以给乘客室提供舒适的乘坐环境。系统通过执行下列功能来控制进入乘客室的空气:冷却、干燥、暖风、换气和净化。

新鲜空气从空调进风罩开始,经纱窗过滤器、HVAC 总成、风道,然后到达各个出风口,进入车内空间。空调系统由下列主要部件组成:

➢ 制冷系统

➢ 制热系统

➢ 通风系统

➢ 冷却系统

驾驶员可从空调控制面板选择下列任一功能:车内温度调节、出风模式、内外循环、除霜开关。

4.5.1　制冷系统

1)制冷系统的结构

空调制冷系统由电动压缩机、冷凝器、压力开关、膨胀阀、增发器及管路等组成。其系统结构图如图 4.46 所示。

制冷系统各部件的名称如表 4.10 所示。

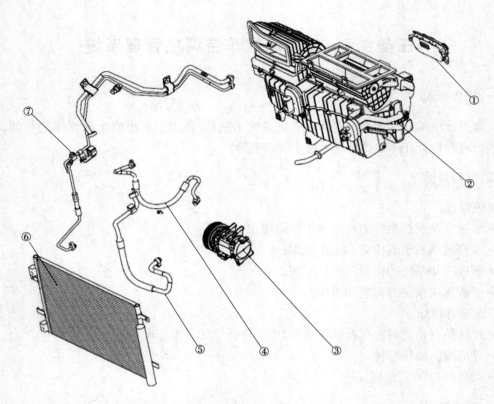

图 4.46　制冷系统结构示意图

表 4.10　制冷系统各部件的名称

序　号	名　　称
①	电子手动空调控制器及控制面板总成
②	暖通空调总成
③	压缩机总成
④	压缩机吸入管总成
⑤	压缩机排出管总成
⑥	冷凝器总成
⑦	蒸发器连接管总成

2）制冷系统主要核心零部件介绍

（1）压缩机

汽车空调压缩机是汽车空调制冷系统的心脏,起着压缩和输送制冷剂蒸汽,保证制冷循环正常的作用。纯电动汽车的压缩机,无传统压缩机所具备的离合器等驱动结构。而是通过高压直流电进行驱动压缩机,完成制冷剂的压缩过程,通过低压（12 V）进行压缩机驱动的控制和转速的调节。

控制驱动模式:通过整车高压驱动、低压 CAN 通讯控制,控制器位于压缩机本体上方。压缩机总成如图 4.47 所示。

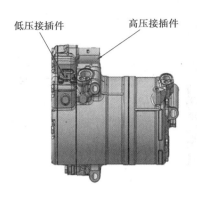

图 4.47　压缩机总成

压缩机控制器 ACCM 低压插接件定义如图 4.48 所示：

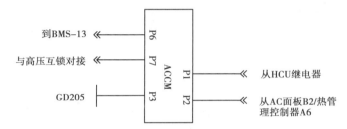

图 4.48　压缩机控制器 ACCM 低压插接件定义

（2）冷凝器

从空调压缩机出来的高压高温制冷剂蒸汽流入冷凝器，冷凝器铝管和冷却翅片制成，冷却翅片通过散热把高压高温制冷剂蒸汽凝结成高压中温液体。冷凝器的安装位置如图 4.49 所示：

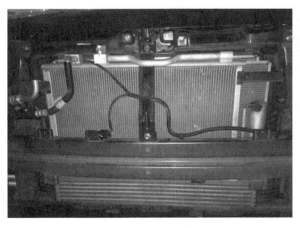

图 4.49　冷凝器的安装位置

（3）储液干燥瓶

储液干燥瓶安装在冷凝器左侧。其作用是进行制冷剂的存储、过滤、干燥，控制气态制冷在其内部滞留，释放液态制冷剂。

从储液干燥瓶出来的只能是高压中温的液态制冷剂。储液干燥瓶内部有吸附制冷系统水分的干燥剂。

（4）膨胀阀

使中温高压的液态制冷剂通过节流变成低温低压的湿蒸汽，然后制冷剂在蒸发器中吸收热量达到制冷效果。简单来说根据温度变化自动调节节流，达到控制制冷剂流量的作用。膨胀阀的安装示意图如图4.50所示：

（5）蒸发器

蒸发器安装位置HVAC总成上。蒸发器利用液态低温制冷剂在低压下易蒸发，转变为蒸汽并吸收被冷却介质的热量，达到制冷的目的。

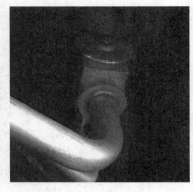

图4.50　膨胀阀的安装位置

大量吸收空气中的热量，致使空气温度降低。空气中的水蒸气在蒸发器表面冷凝成水，经过蒸发器排水管排出车外。

3）制冷系统的工作原理

空调制冷系统的工作原理如图4.51所示：

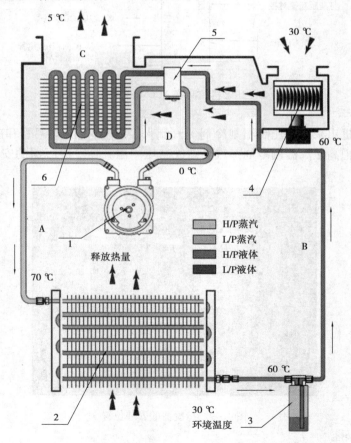

图4.51　空调制冷系统的工作原理

气态制冷剂从压缩机入口处吸入，然后被压缩。制冷剂因而被加热到70～110 ℃。

然后，压缩气体被泵入到冷凝器中。冷凝器是由许多供空气穿流的散热片组成的，因而使压缩气体能被外界迎风和从冷凝器风扇吸入的空气充分冷却。被冷却以后的制冷剂储存在干燥瓶里。浓缩的液态制冷剂通过膨胀阀后,压力下降,温度迅速上升,同时有一部分制冷剂被蒸发。膨胀阀刚好在制冷管路中蒸发器前面部分,而制冷剂在蒸发器里被完全蒸发。因为蒸发器是冷的,所以通过此处的空气也会被冷却。

4.5.2　制热系统

电动汽车没有传统车的发动机,不能用传统的模式来采暖。因此,只有靠电加热器的热能来采暖。在空调的暖通部分,热源为 PTC 加热电阻。也有的电控车型,使用 PTC 加热电阻冷却液作为热源。

1)制热系统的结构

制热系统由电加热器总成、电加热器进水管、电加热器出水管、三通、加注液壶总成等组成。其系统结构图如图 4.52 所示:

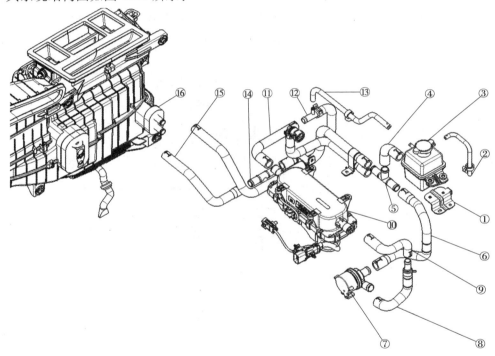

图 4.52　制热系统结构图

制热系统具体名称如表 4.11 所示:

表 4.11　制热系统的结构具体名称

序　号	名　　称	序　号	名　　称
①	加注液壶安装支架	⑤	三通
②	暖通补水管总成	⑥	暖风水泵进水管
③	加注液壶总成	⑦	暖风水泵总成
④	加注液壶出水管	⑧	暖风水泵出水管总成

续表

序 号	名 称	序 号	名 称
⑨	电加热器进水管	⑬	暖通排气管总成
⑩	电加热器总成	⑭	带传感器两通
⑪	电加热器出水管	⑮	暖通进水管
⑫	暖通出水管总成	⑯	暖通空调总成(电动)

2)制热系统主要核心零部件介绍

(1)暖通空调总成

暖通空调是具有采暖、通风和空气调节功能的空调器。由于暖通空调的主要功能包括：采暖、通风和空气调节这三个方面,缩写 HVAC(Heating Ventilating and Air Conditioning),取这三个功能的综合简称,即为暖通空调。暖通空调总成结构图如图 4.53 所示：

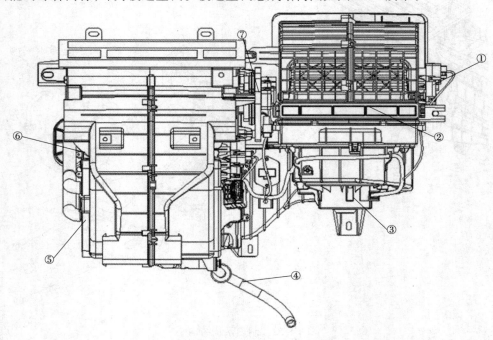

图 4.53 暖通空调总成结构图

HVAC 具体名称如表 4.12 所示。

表 4.12 HVAC 具体名称

序 号	名 称	序 号	名 称
①	内外循环风门机构	⑤	暖风芯体
②	空气过滤器	⑥	蒸发器芯体
③	鼓风电机	⑦	模式风门机构
④	排水管		

（2）电加热器总成

电加热器总成功能描述：经过电加热器加热的水通过暖风芯体的进水管进入到暖风芯体，暖风芯体向驾驶室内的空气中放热，致使驾驶室内空气温度受热上升。逸动 EV 加热电阻由高压供电，低压控制。其结构如图 4.54 所示：

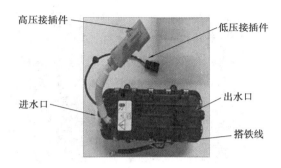

图 4.54　电加热器总成

电加热器总成上的高压插接件和低压插接件定义分别如图 4.55 和图 4.56 所示：

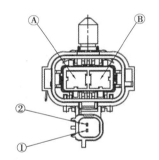

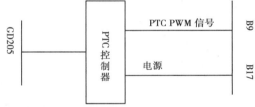

PIN	HV CONNECTOR
Ⓐ	HV+
Ⓑ	HV−
①	HV_IL+
②	HV_IL−

图 4.55　高压插接件结构及定义　　　　图 4.56　低压插接件电路图

（3）暖通水泵

水泵的作用是让制热系统形成一个有力的循环。其安装示意图如图 4.57 所示。

逸动EV暖通水泵

图 4.57　暖通水泵安装示意图

（4）热管理控制器

热管理模块控制器及安装支架总成布置在驾驶室内的左前方前围板处,具体位置位于助力转向后下方,逸动 EV 热管理控制系统如图 4.58 所示:

图 4.58　逸动 EV 热管理控制器

4.5.3　送风系统

送风系统的组成主要由鼓风机、风道、内外转换风门、空调滤芯和出风口等组成。

1）送风系统主要零部件

（1）空调控制面板

空调控制面板有空调压缩机 A/C 开关、风量调节旋钮、前后风窗玻璃除霜按钮、内外循环按钮、冷暖调节旋钮等。逸动 EV 空调控制面板如图 4.59 所示:

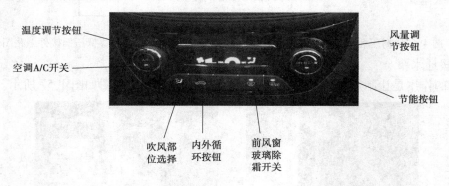

图 4.59　逸动 EV 空调控制面板

（2）出风口

逸动 EV 出风口的布局如图 4.60 所示。

逸动 EV 出风口的布局名称如表 4.13 所示。

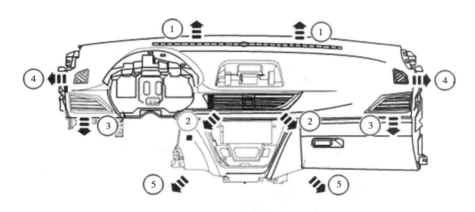

图 4.60   逸动 EV 出风口的布局

表 4.13   逸动 EV 出风口名称

序　号	名　称	序　号	名　称
①	挡风玻璃除霜出风	④	侧除霜出风口
②	中央出风口	⑤	前排足部出风口
③	侧出风口		

2）通风示意图

逸动 EV 通风示意图如图 4.61 所示。

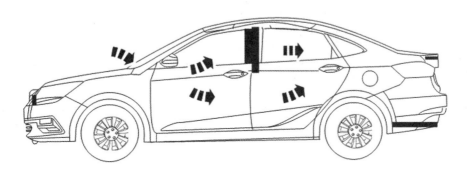

图 4.61   逸动 EV 通风示意图

4.5.4　冷却系统

冷却系统的功用是将受热零件吸收的部分热量及时散发出去。

1）冷却系统的结构

逸动 EV 的冷却示意图如图 4.62 所示。

冷却系统结构名称如表 4.14 所示。

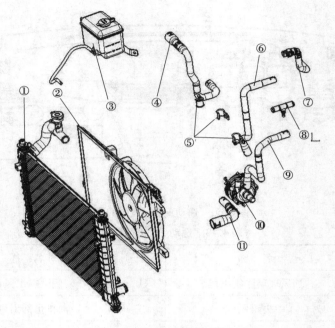

图 4.62　冷却系统结构图

表 4.14　冷却系统结构名称

序　号	名　称	序　号	名　称
①	散热器带附件总成	⑦	充电机出水管总成
②	冷却风扇总成	⑧	带传感器两通
③	蓄水瓶带附件总成	⑨	水泵出水管
④	散热器进水管总成	⑩	冷却水泵总成
⑤	暖通回水管支架	⑪	散热器出水管总成
⑥	电机进水管总成		

2）核心零部件端子定义介绍

（1）冷却水泵端子定义

冷却水泵端子定义如图 4.63 所示。

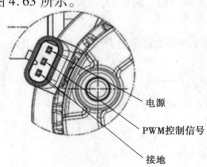

电源

PWM控制信号

接地

图 4.63　冷却水泵端子定义

（2）冷却风扇端子定义介绍

冷却风扇端子通过电阻改变运转速度,其电阻及端子定义如图4.64和图4.65所示。

图4.64　冷却风扇电阻

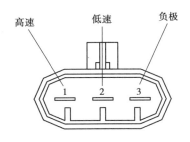

图4.65　冷却风扇端子定义

四、章节小结

1.制冷系统,包括制冷系统的结构、主要零部件介绍及系统的工作原理。
2.制热系统,包括制热系统的结构、主要零部件介绍及系统的工作原理。
3.送风系统:包括送风系统的结构、主要零部件介绍及系统通风示意图。
4.冷却系统:包括冷却系统的作用,主要零部件介绍。

五、任务工单

任务工单			
任务名称	纯电动汽车热管理系统	姓　名	
学　时	4 学时	任务成绩	
实训设备工具	新能源专用工具车、新能源专用万用表、新能源专用解码仪、绝缘检测仪、放电仪		
任务描述	纯电动汽车空调制热系统检测与维修		
任务目的	排除汽车空调不制热故障		

一、资讯

1. 汽车空调制冷系统由_____、_____、干燥罐、三态压力开关、_____、蒸发器及管路等组成。

2. 利用万用表检测逸动 EV 压缩机控制器 CAN-L 的电压为_____ V，CAN-H 的电压为_____ V。

3. 利用万用表检测 EV460 鼓风机电机电源_____ V，鼓风机电机信号线_____ V。

4. 压缩机 ACCM _____ （颜色）线是电源线，_____（颜色）线是互锁线，_____（颜色）线是地线，_____（颜色）线是信号线。

5. 认识系统主要部件并能指出在车上的位置。

部　件	认识√	部　件	认识√	部　件	认识√
压缩机总成		膨胀阀		暖风水泵	
压缩机出、入管		压力开关		暖风水泵出、入管	
蒸发器总成		传感器		暖通空调总成	
蒸发器出、入管		冷凝器总成		储液罐	

二、计划与决策

根据任务要求，确定所需要的设备和工具，并对小组成员进行合理分工，制订详细计划。

1. 需要设备工具

2. 小组成员分工

3. 制订计划与决策

三、实施

1. 对仪器进行检查

仪器名称	检查方法	是否正常
防护用具		是□否□
拆装工具		是□否□
检测工具		是□否□

续表

2.实施步骤			
序号	实施步骤		是否完成
一	检查与维护前的准备工作		是□否□
1	安装防护套装		是□否□
2	穿戴防护用具		是□否□
二	检查线路线束及现象		是□否□
1	检查电路线束及接插件连接处是否有松动、破损		是□否□
2	暖风开关打开,出风口是否有风		是□否□
三	故障诊断		是□否□
1	连接KT700诊断仪		是□否□
2	用诊断仪进行诊断		是□否□
四	故障排除		是□否□
1	拆下低压蓄电池负极,用胶带包好		是□否□
2	佩戴绝缘手套,拔下动力电池高压安全开关		是□否□
3	用高压万用表进行检测鼓风机是否正常工作		是□否□
4	用高压万用表检查PTC:信号线电压为＿＿＿＿＿V,互锁信号线＿＿＿＿＿正常,地线电压为＿＿＿＿＿V		是□否□
五	6S管理 建立安全操作环境 清理及整理工具 清理场地 物品回收和环保 完善和检查工单		是□否□ 是□否□ 是□否□ 是□否□ 是□否□ 是□否□

3.总结实施过程中的注意事项

四、检查

五、评估

1.自己完成任务的情况,对自己的工作进行自我评估,并提出改进意见

1)＿＿＿＿＿＿＿＿＿＿＿＿＿＿＿＿＿＿＿＿＿＿＿＿＿＿＿＿＿＿＿＿＿＿＿＿＿＿＿

2)＿＿＿＿＿＿＿＿＿＿＿＿＿＿＿＿＿＿＿＿＿＿＿＿＿＿＿＿＿＿＿＿＿＿＿＿＿＿＿

2.工单成绩

自我评价	组长评价	教师评价	总　分

任务 4.6　纯电动汽车其他辅助电器系统

一、任务导入

某 4S 店维修人员,需要对某款纯电动车进行维修,发现整车无法启动,经诊断发现纯电动汽车蓄电池馈电,纯电动车低压系统无法工作。

二、学习目标

知识目标:

➤ 了解纯电动汽车其他辅助电器系统;

➤ 熟悉纯电动汽车其他辅助电器系统供电结构及工作原理。

职业素养目标:

➤ 严格执行新能源汽车检修规范,养成严谨科学的工作态度;

➤ 养成团队协作精神;

➤ 严格执行"6S"管理。

三、理论知识

纯电动汽车其他辅助电器系统进行维修时,需要具备专业的安全防护及工具使用,对纯电动汽车其他辅助电器系统维修时,应具备纯电动汽车其他辅助电器系统结构及原理,本节主要讲解低压供电系统,主要具体知识如下:

➤ 纯电动车高压专用防护套装及工具使用;

➤ 纯电动汽车其他辅助电器系统认识;

➤ 纯电动汽车其他辅助电器系统供电系统结构及工作原理。

4.6.1　纯电动汽车其他辅助电器系统结构认识

纯电动汽车其他辅助电器系统主要由动力电池和蓄电池进行供电,蓄电池对整车进行供电和传统车相同,动力电池对整车进行低压供电需要将动力电池高压电转变为低压电,再对整车低压其他辅助电器系统进行供电,主要网关、照明信号、后视镜和空调等全车低压电器。如图 4.66 所示为纯电动汽车其他辅助电器系统电路图。

4.6.2　纯电动汽车其他辅助电器系统供电系统结构及工作原理

纯电动汽车供电系统主要由纯电动车动力电池、高压分线盒、高压及低压线束、蓄电池、直流变换器(DC-DC)、整车控制器及纯电动车低压用电设备组成,如图 4.67 所示纯电动车供电系统结构。高压分线盒、高压及低压线束、蓄电池等几个零部件在书中已讲述清楚,这里主要讲解直流变换器(DC-DC)和整车控制器 VCU 两个供电系统零件。

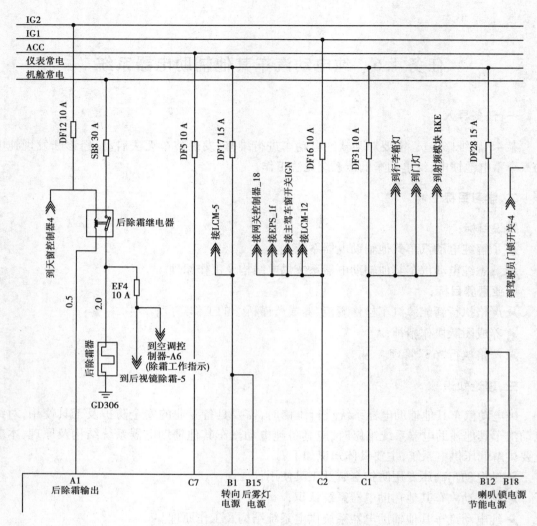

图 4.66　纯电动汽车其他辅助电器系统电路图

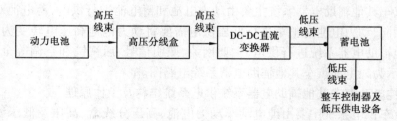

图 4.67　纯电动车供电系统结构

1）直流变换器（DC-DC）

直流变换器总成，简称直流变换器，作用是将动力电池的高压直流电转换为低压直流电，为铅酸电池及整车低压系统提供电源。如图 4.68 所示为纯电动车直流变换器结构及工作原理。

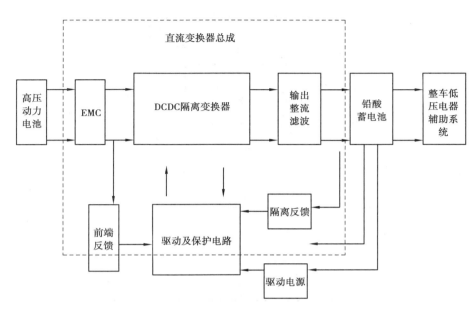

图 4.68 纯电动车直流变换器结构及工作原理

以下为某款典型纯电动 DC-DC 实物接口示意图,如图 4.69 所示直流变换器外部接口。

一般纯电动车 DC-DC 高压输入接插件接口定义如图 4.70 所示。

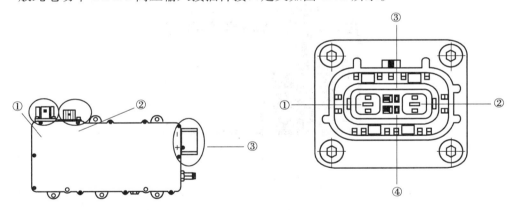

1—高压输入接插 2—低压接插件 3—输出端子

图 4.69 直流变换器外部接口

图 4.70 高压输入接插件示意图

表 4.15 高压输入信号描述

针 脚	定 义	针 脚	定 义
①	正极/ +	③	高压互锁
②	负极/ −	④	高压互锁

一般纯电动车 DC-DC 低压接插件接口定义如图 4.71 低压接插件示意图。

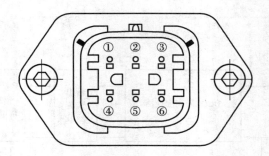

图 4.71　低压接插件示意图

表 4.16　低压信号描述

针　脚	定　义	针　脚	定　义
①	CAN-H	④	CAN-L
②	高压互锁	⑤	高压互锁
③	预留	⑥	预留

一般纯电动车 DC-DC 输出端子接口定义如图 4.72 输出端子接口示意图。

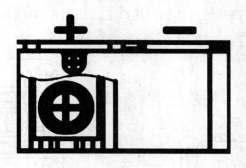

图 4.72　输出端子接口示意图

低压输出端描述：

低压输出端为直接引线输出，正极连接到熔断器线束总成保险盒内，连接保险，输出负极直接连接在车身上。

2）整车控制器（VCU）

整车控制器的作用是根据自己的功能模块将输入信号处理后输出给其他子系统，从而控制整车的运行。整车控制器主要是对全车低压电器设备低压供电和对全车信号进行处理反馈，是纯电动汽车大脑，协调整车进行工作。

以下为某款典型纯电动车整车控制器低压接插件如图 4.73 和表 4.17 所示。

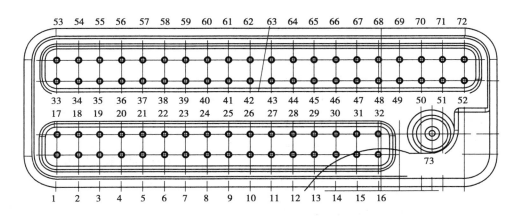

图 4.73　整车控制器接插件示意图

表 4.17　整车控制器针脚定义

管脚	功能缩写	额定电流	I_{max}	输入/输出	功能说明
1	Chrglock_control_signal1	0.7 A	1 A	数字输出	High side 驱动输出,驱动部件为继电器
2	Gear_P(VCU_PEPS)	9 A	9 A	数字输出	Low side 驱动输出,与 PEPS 交互信号 当前为 P 时,将端口拉低 非 P 状态,端口为高阻状态
5	Charge_Status_signal	9 A	9 A	数字输出	Low side 驱动输出,驱动部件为 LED 指示灯
6	VCU_pwr_hold_control	0.95 A	1.3 A	数字输出	Low side 驱动输出,驱动部件为继电器
11	IPU_Pwr_Control	9 A	9 A	数字输出	Low side 驱动输出,驱动部件为继电器
14	GND2			地	传感器地 2
15	Under_Control_Pwr_Supply			电源输入	受控电源供电
16	5V_acc_pedal_2	50 mA ± 0.5%		电源输出	5 V 传感器供电电源 2
17	RMU_Wakeup	0.7 A	1 A	数字输出	High side 驱动输出,RMU 唤醒信号
18	BMS_Wakeup	0.7 A	1 A	数字输出	High side 驱动输出,BMS 唤醒信号
19	Charge_Connect_signal	0.7 A	1 A	数字输出	High side 驱动输出,驱动部件为继电器

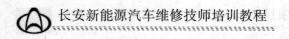

续表

管脚	功能缩写	额定电流	I_{max}	输入/输出	功能说明
20	Chrglock_control_sig-nal2	0.7 A	1 A	数字输出	High side 驱动输出,驱动部件为 LED 指示灯
21	Reverse_lamp_enable	0.7 A	1 A	数字输出	Low side 驱动输出,驱动部件为继电器
22	HVAC_WakeUp（VCU_HVAC）	0.7 A	1 A	数字输出	High side 驱动输出,HVAC 唤醒信号
23	GCU_Pwr_Control	0.95 A	1.3 A	数字输出	Low side 驱动输出,驱动部件为继电器
26	Low_speed_warning_enable	0.7 A	1 A	数字输出	Low side 驱动输出,驱动部件为继电器
28	GND1			地	传感器地 1
29	5V_acc_pedal_1	100 mA ± 0.5%		电源输出	5 V 传感器供电电源 1
30	GND			地	12 V 电源地
31	AGND			地	12 V 电源地
32	VCU_Pwr			电源输入	常电电源供电
33	DC_Vehicle_inlet_temperature_sensor_position			模拟输入	直流充电温度采集
34	Chrglock_position2			模拟输入	充电锁止状态 2
36	Acc_pedal_position_1			模拟输入	加速踏板位置传感器 1
37	HS-NewPower CAN-H			HS-NewPower CAN-H	CAN1 高
38	HS-PT CAN-H			HS-PT CAN-H	CAN2 高
39	标定 CAN-H			标定 CAN-H	CAN3 高
41	P			数字输入	挡位信号,由挡位器给出
42	Brake_signal1			数字输入	制动开关信号
43	D			数字输入	挡位信号,由挡位器给出
44	S			数字输入	挡位信号,由挡位器给出
45	Key_on			数字输入	钥匙 ON 挡唤醒信号
46	A +（DC_Charge_Socket_VCU）			数字输入	直流充电唤醒信号

续表

管脚	功能缩写	额定电流	I_{max}	输入/输出	功能说明
49	Brake_signal2			数字输入	制动开关信号2
50	Crash _ signal（SRS _ VCU）			PWM 输入	碰撞信号
51	Charge _ wakeup（OBC_VCU）			数字输入	交流充电唤醒信号
52	HVIL1_OUT			高压互锁输出口	高压互锁输出口
55	Acc_pedal_position_2			模拟输入	加速踏板位置传感器2
56	AC _ Vehicle _ inlet _ temperature _ sensor _ position			模拟输入	交流充电温度采集
57	HS-NewPower CAN-L			CAN	CAN1 低
58	HS-PT CAN-L			CAN	CAN2 低
59	标定 CAN-L			CAN	CAN3 低
61	Chrglock_position1			数字输入	充电锁止状态1
62	N			数字输入	挡位信号,由挡位器给出
63	Starter_signal			数字输入	钥匙 Start 信号
64	Hand_Brake_signa			数字输入	手刹开关信号
66	R			数字输入	挡位信号,由挡位器给出
67	Low _ speed _ warning _ signa			数字输入	低速报警开关信号
72	HVIL1_IN			高压互锁输入口	高压互锁输入口
73	GND			地	地

四、章节小结

1.高压电的安全防护,包括个人防护和工具防护能够正确使用。

2.纯电动汽车其他辅助电器系统认识,如车门、车灯、雨刮等。

3.纯电动汽车其他辅助电器系统供电系统结构及工作原理,主要讲解供电系统结构及工作原理,以及主要零部件直流变换器和整车控制器的结构及工作原理。

五、任务工单

任务工单				
任务名称	纯电动汽车其他辅助电器系统		姓　名	
学　时	4 学时		任务成绩	
实训设备工具	纯电动汽车其他辅助电器系统、供电系统			
任务描述	纯电动汽车其他辅助电器系统			
任务目的				

一、资讯

1.结合实际车辆认识新能源零部件

部　件	认识√	部　件	认识√	部　件	认识√
整车控制器		照明系统		直流变换器/DC-DC	

2.结合实车认识并绘制纯电动汽车供电系统结构图

3.结合实车认识整车控制器,并结合电路图绘制供电系统大致电路图

二、计划与决策

根据任务要求,确定所需要的设备和工具,并对小组成员进行合理分工,制订详细计划。

1.需要设备工具

2.小组成员分工

续表

3. 制订计划与决策

三、实施

1. 实施步骤

2. 总结实施过程中的注意事项

四、检查

五、评估

1. 自己任务完成的情况, 对自己的工作进行自我评估, 并提出改进意见

1) _____

_____

2) _____

_____

2. 工单成绩

自我评价	组长评价	教师评价	总　分

项目5　混合动力电动汽车的结构原理及检修

任务5.1　混合动力电动汽车的基本概念与分类

一、任务导入

一辆行驶约8.8万km的长安逸动PHEV出现发动机无法启动。

二、学习目标

知识目标：
➤ 了解混合动力电动汽车的发展趋势；
➤ 掌握混合动力电动汽车的概念及其分类。

职业素养目标：
➤ 严格执行新能源汽车检修规范，养成严谨科学的工作态度；
➤ 养成团队协作精神；
➤ 严格执行"6S"管理。

三、理论知识

5.1.1　混合动力电动汽车发展现状

当前普遍使用的燃油发动机汽车存在种种弊病，统计表明在占80%以上的道路条件下，一辆普通轿车仅利用了动力潜能的40%，在市区还会跌至25%，更为严重的是排放废气污染环境。20世纪90年代以来，世界各国对改善环保的呼声日益高涨，各种各样的电动汽车脱颖而出。虽然人们普遍认为未来是电动汽车的天下，但是电池技术问题阻碍了电动汽车的应用。由于电池的能量密度与汽油相比差上百倍，远未达到人们所要求的数值，专家估计在10年以内电动汽车还无法取代燃油发动机汽车（除非燃料电池技术有重大突破）。

现实迫使工程师们想出了一个两全其美的办法，开发了一种混合动力装置（Hybrid-Electric Vehicle，HEV）的汽车。所谓混合动力装置就是将电动机与辅助动力单元组合在一辆汽车上做驱动力，辅助动力单元实际上是一台小型燃料发动机或动力发电机组。形象一点说，就是将传统发动机尽量做小，让一部分动力由电池-电动机系统承担。这种混合动力装置既发挥了发动机持续工作时间长、动力性好的优点，又可以发挥电动机无污染、低噪声的好处，从而使汽车的热效率可提高10%以上，废气排放可改善30%以上。

2010年，全球进入汽车混合动力时代。据《2013—2017年中国混合动力电动汽车行业深度调研与投资战略规划分析报告》数据显示，从1997年全球第一辆混合动力电动汽车（HEV）——（Toyota Prius）首发到2010年年底，丰田汽车全球累计销售近300万辆，约占整个市场的 70%份额。虽然,HEV 只占全球汽车销量约 3.7%的市场份额,而且未来市场上汽车仍以内燃机为主要驱动力,但是,各国政府都已经出台鼓励政策,鼓励和支持新能源汽车的发展,从亚洲近邻日本和韩国,到大洋彼岸的北美以及西欧汽车工业强国皆如此。

我国混合动力电动汽车主要集中在华东地区、华北地区和华中地区,以上 3 个地区的混合动力电动汽车占到了全国的 65.1%,特别是华东地区的混合动力电动汽车占到全国的 27.3%,其中安徽、浙江、福建省政府纷纷出台对混合动力电动汽车的补贴政策,促进了华东地区混合动力电动汽车的发展。华中和华南地区混合动力电动汽车分别占到了 22.9%和 14.9%,西部地区由于经济发展比较落后,因此混合动力电动汽车行业在此发展比较缓慢,但是随着国家对西部地区的重视,不断出台相关政策加快西部地区的经济发展,未来混合动力电动汽车在西部地区也将有很好的发展空间。

目前,国内的各大自主汽车品牌公司和汽车院校也都在开展混合动力电动汽车的研究,部分车型已经投放市场,如比亚迪系列混合动力电动汽车、一汽奔腾 B70 混合动力电动汽车、奇瑞 A5ISG 混合动力电动汽车、荣威 550Plug-in 以及长安逸动 PHEV、长安 CS75PHEV 等都已上市。

5.1.2 混合动力电动汽车(HEV)的基本定义

国标《电动汽车术语》(GB/T 19596—2017)对于混合动力电动汽车是这样定义的,至少能从下述两类车载储存的能量中获得动力的汽车:(1)可消耗的燃料;(2)可再充电能/能量储存装置。

HEV 的特点是燃油(气)发动机动力与电动机动力两种动力的组合。通常把燃油(气)发动机与电动机两种动力组合而成的混合动力电动汽车简称为油(气)-电混合动力电动汽车,把汽(柴)油发动机与电机两种动力组合而成的混合动力电动汽车简称为汽(柴)油-电力混合动力电动汽车等。

HEV 的突出优点是:

①发动机可工作在经济工况区,排放低,燃油消耗少。

②发动机不在全负荷和加速工况下工作,噪声小。

③可以回收制动时的能量和利用已有的燃油设施等。

HEV 与传统汽车的区别主要是驱动系统,HEV 通常至少由两种动力源组成。一种是由发动机提供的、与传统汽车类似的动力系统。从理论上讲,所有可以用于传统汽车的发动机(包括各种内燃机和外燃机)都可用于 HEV;另一种是传统汽车上所没有的电驱动系统。

电驱动系统通常由电能储存器(蓄电池、超级电容器和飞轮电池)、电源变换器(逆变器和变压器)和电机(直流电机、三相异步感应电机、永磁电机和开关磁阻电机)等组成,为了能够利用发动机发电或回收汽车的制动能量等,电驱动系统的电机一般都可作为发电机使用,也有电机和发电机分别设置的。HEV 的组成可以说是上述两种驱动系统的组合,由于组合方式和选用的装置种类的不同,就形成了各具特色的 HEV。

5.1.3 混合动力电动汽车类型

汽车行业标准《混合动力电动汽车类型》(QC/T 837—2010)对于混合动力电动汽车的类型进行了严格划分。

1）按照动力系统划分

①串联式混合动力电动汽车（Series Hybrid Vehicle）车辆行驶系统的驱动力只源于电机。

串联式混合动力电动汽车的结构特点是发动机带动发电机发电，电能通过电机控制器输送给电机，由电机驱动车辆行驶。另外，动力蓄电池可以单独向电机提供电能驱动车辆行驶。

②并联式混合动力电动汽车（Parallel Hybrid Electric Vehicle）车辆行驶系统的驱动力由电机及发动机同时或单独供给。

并联式混合动力电动汽车的结构特点是并联式驱动系统可以单独使用发动机或电机作为动力源，也可以同时使用电机和发动机作为动力源驱动车辆行驶。

③混联式混合动力电动汽车（Combined Hybrid Electric Vehicle）具备串联式和并联式两种混合动力系统。

混联式混合动力电动汽车的结构特点是可以在串联混合模式下工作，也可以在并联混合模式下工作，同时兼顾了串联式和并联式混合动力电动汽车的特点。

2）按照混合度划分

①微混合型混合动力电动汽车（Micro Hybrid Electric Vehicle）以发动机为主要动力源，电机作为辅助动力，具备制动能量回收功能的混合动力电动汽车。电机的峰值功率和总功率的比值小于 10%。

仅具有怠速停机功能的汽车也可称为微混合型混合动力电动汽车。

②轻度混合型混合动力电动汽车（Mild Hybrid Electric Vehicle）以发动机为主要动力源，电机作为辅助动力，在车辆加速和爬坡时，电机可向车辆行驶系统提供辅助驱动力矩。一般情况下，电机的峰值功率和总功率的比值大于 10%。

③重度混合（强混合）型混合动力电动汽车（Full Hybrid Electric Vehicle）以发动机和电机为动力源（一般情况下，电机的峰值功率和总功率的比值大于 30%）且电机可以独立驱动车辆正常行驶。

3）按照行驶模式的选择方式划分

①有手动选择功能的混合动力电动汽车（Hybrid Electric Vehicle with Selective Switch）具备行驶模式手动选择功能。车辆可选择的行驶模式包括发动机模式、纯电动模式和混合动力模式 3 种。

②无手动选择功能的混合动力电动汽车（Hybrid Electric Vehicle without Selective Switch）不具备行驶模式手动选择功能。车辆的行驶模式根据不同工况自动切换。

4）其他划分形式

①按照可再充电能量储存系统不同可以划分为（但不限于）以下类型。

a. 动力蓄电池混合动力电动汽车（Traction Battery Hybrid Electric Vehicle）。

b. 超级电容器混合动力电动汽车（Super Capacitor Hybrid Electric Vehicle）。

c. 机电飞轮混合动力电动汽车（Electromechanical Flywheel Hybrid Electric Vehicle）。

d. 动力蓄电池与超级电容器组合式混合动力电动汽车（Traction Battery and Super Capacitor Hybrid Electric Vehicle）。

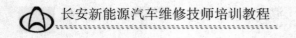

②混合动力电动汽车按照其技术特征、燃料类型、功能结构和车辆用途等因素还可有其他划分形式。

四、章节小结

1. 国内外混合动力电动汽车发展趋势。
2. 混合动力电动汽车的概念和分类。

任务 5.2　混合动力电动汽车的基本结构与原理

一、任务导入

混合动力汽车的动力传递形式有串联、并联和混联 3 种,具体的结构和工作原理是什么呢?

二、学习目标

知识目标:

➤ 掌握串联式混合动力电动汽车的结构、原理和特点;
➤ 掌握并联式混合动力电动汽车的结构、原理和特点;
➤ 掌握混联式混合动力电动汽车的结构、原理和特点。

职业素养目标:

➤ 严格执行新能源汽车检修规范,养成严谨科学的工作态度;
➤ 养成团队协作精神;
➤ 严格执行"6S"管理。

三、理论知识

5.2.1　串联式混合动力电动汽车

1)基本结构

串联式混合动力系统的结构及驱动方式如图 5.1 所示。串联式混合动力系统利用发动机动力发电,从而带动电机驱动车轮。其基本结构是由电机、发动机、发电机、动力蓄电池和变压器等组成的。

2)串联式混合动力电动汽车工作模式

①纯电动模式。发动机关闭,车辆仅由蓄电池组供电、驱动。

②纯发动机模式。车辆牵引功率仅来源发动机/发电机组,而蓄电池组既不供电也不从驱动系统吸收任何功率,电设备组用作从发动机到驱动轮的电传动系。

③混合模式。牵引功率由发动机-发电机组和蓄电池组共同提供。

④发动机牵引和蓄电池充电模式。发动机-发电机组向蓄电池组充电和供给驱动车辆所需的功率。

⑤再生制动模式。发动机-发电机组关闭,牵引电动机产生的电功率用于向蓄电池组充电。

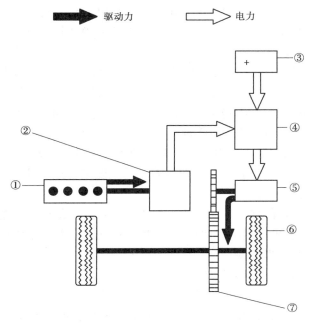

①—发动机;②—发电机;③—动力蓄电池;④—变压器;
⑤—电机;⑥—驱动轮;⑦—减速器

图 5.1　串联式混合动力系统

⑥蓄电池组充电模式。牵引电动机不接收功率,发动机/发电机组向蓄电池组充电。

⑦混合式蓄电池充电模式。发动机-发电机组和运行在发电机状态下牵引电动机共同向蓄电池组充电。

3)串联式混合动力系统的基本控制模式

①第一种是主要利用电池来驱动车辆,仅当电池 SOC 降低到最小限值时,发动机才启动,发动机在最高效率区以输出恒定功率的方式工作,当 SOC 回升到最大限值时发动机关机。

②第二种是"负荷跟随"控制模式。保持电池 SOC 在规定的范围之内,发动机带动发电机工作并尽可能接近车辆行驶所需的电量,电池只起负荷调节装置的作用。

③第三种是上述两种控制模式的一个折中方案。在电池的 SOC 较高时,主要用纯电动模式;而电池的 SOC 降低到设定的范围内时,发动机带动发电机工作,考虑发动机的排放和效率,将其输出功率严格限定在一定的变化范围内。

4)串联式混合动力系统的特点

串联式混合动力系统的优点:

①排放污染小。串联式混合动力电动汽车以动力电池组内的电能为基本能源来驱动。串联式混合动力电动汽车采用纯电动驱动时关闭发动机,只有用电池组电力驱动汽车,实现"零排放"行驶。发动机-发电机组所发出的电能向动力电池充电,发动机独立工作在高效率区域用于补充动力电池组的电能或直接供给驱动电动机,增加续驶里程,减少有害气体的排放。

②驱动形式多样。串联式混合动力电动汽车可采用电动机驱动系统或轮毂电动机驱动系统。根据布置的不同,还可以分为前轮驱动、后轮驱动或四轮驱动等多种形式。

③布置方便。串联式混合动力电动汽车只有驱动电动机的电力驱动系统,其特点更加趋近于纯电动车。因为驱动电动机与发电单元没有机械连接,因而布置起来更容易。

串联式混合动力系统的缺点:

①对驱动电动机、发电单元和电池的要求高。在串联式混合动力电动汽车上,驱动电动机的功率需要满足汽车在行驶中的最大功率需求,因此驱动电动机的功率要求较大,使得电动机的体积和质量都较大。由于需求功率的要求,动力电池组的容量要大。需要装置一个叫大功率发动机-发电机组,外型尺寸和质量较大,在中小型串联式混合动力电动汽车中布置有一定的困难,所以在串联式混合动力电动汽车驱动系统较适合在大型客车上采用。

②能量转换效率降低。串联式混合动力驱动系统能量通过热能—电能—机械能转换,能量损失较大。

③对动力电池工作性能要求更高。为了保护电池获得更好的电池性能和寿命,要根据动力电池荷电状态的变化,自动启动或关闭发动机-发电机,以避免动力电池过度放电,发动机-发电机与动力电池之间的搭配要严格。

5.2.2 并联式混合动力电动汽车

1)基本结构

并联式混合动力系统使用电机和发动机两种不同的装置来驱动车轮,动力的流向为并联,所以称为"并联式混合动力系统"。可以采用发动机单独驱动、电机单独驱动或发动机和电机混合驱动三种工作模式,典型的并联式混合动力系统的结构及能量流动路线如图5.2所示。

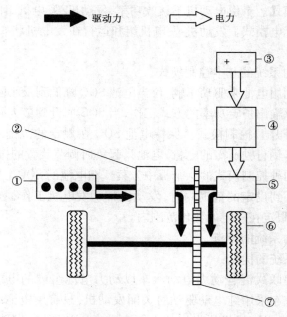

①—发动机;②—变速器;③—动力蓄电池
④—变压器;⑤—电机;⑥—驱动轮;⑦—减速器

图5.2 并联式混合动力系统

2）并联式混合动力系统典型工作模式的功率流

①车辆启动、低速及轻载行驶时，发动机关闭，车辆由电机驱动，为纯电动工况，如图 5.3 所示。传统车辆起步时发动机效率低，排放差。并联结构由于增加了一套电驱动系统，在电池电量充足的情况下使用纯电动机启动和车辆起步驱动。

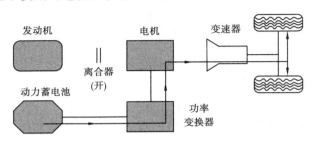

图 5.3　纯电动工作模式图

②车辆正常行驶、加速及爬坡时，发动机和电机同时工作驱动车辆行驶，如图 5.4 所示。加速或爬坡工况下车辆需要更大的驱动力，这时两个动力轮输出同时给力，满足动力要求。此时电动机的能量来自电池组。

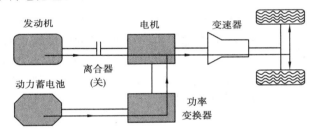

图 5.4　混合动力模式

③在车辆行驶过程中，当车载电池组电量过低时，发动机在驱动车辆行驶的同时向动力蓄电池补充充电，如图 5.5 所示。当发动机输出功率大于车辆负荷，电池组荷电状态未达到最高限值时，发动机多余能量用来带动发电机给电池组充电。

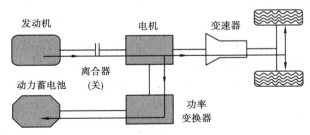

图 5.5　向动力蓄电池充电

④车辆减速及制动时，电机以发电机模式工作，回收车辆制动能量向动力蓄电池充电，如图 5.6 所示。车辆减速制动时电动机作为发电机使用，提供制动力矩，同时回收电能给电池组充电。

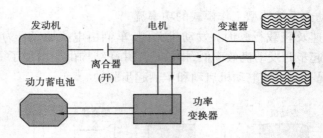

图 5.6 制动能量回收

3）并联式混合动力系统的基本控制模式

①发动机辅助混合动力模式

这种模式主要利用电池-电机系统来驱动车辆,仅当较高的巡航速度行驶、爬坡和急加速时才使发动机启动。这种控制模式的优点是大多数情况下车辆都是用电池的电能来工作,车辆的排放和燃油消耗较少,同时可以利用车辆运动的惯性力来启动发动机,从而可以取消起动机。这种模式的缺点是,由于发动机每次停止运转期间,发动机和催化转化装置的温度降低而导致它们的效率降低,增加了尾气排放。

②电机辅助混合动力模式

这种模式主要利用发动机来驱动车辆,电机只在两种状态下使用:一是用于瞬间加速和爬坡需要峰值功率时,可使发动机工作在较高效率区间,以降低排放和减少燃油消耗;二是车辆减速制动时电机被用来回收车辆的制动动能对电池进行充电。这种模式的主要缺点是车辆不具备纯电动模式,在行驶过程中若经常加速,电池的电能消耗到最低限度,则会失去电机辅助能力,驾驶人会感到车辆动力性能有所降低。

4）并联式混合动力系统的特点

并联式混合动力系统的优点:

①两条驱动路径并联增加驱动功率。并联式混合动力电动汽车具有发动机/发电机(或驱动电动机)两套动力系统,增强了混合动力电动汽车的动力性。

②能量转化效率高。并联式混合动力电动汽车从发动机到车轮之间的动力传递过程中,除摩擦损耗外,没有机械能—电能—机械能的转换过程,总的能量转换综合效率要比串联式混合动力电动汽车高。

③动力元件比串联式混合动力驱动系统更小。由于在车辆需要较大输出功率时,电动机/发电机可给发动机提供额外的辅助动力,可以选择功率较小的发动机,燃料经济性比串联式混合动力电动汽车要高,比串联式混合动力电动汽车的三个动力总成的功率、质量和体积要小很多。

④储能元件容量要求减小。电动机/发动机的功率根据多能源动力总成匹配的要求,可以选择较小功率的发动机。与此相对应,电动机/发动机的质量和体积较小,与它们配套的动力电池的容积也较小,使整车设备质量大大降低。

⑤电动机/发动机根据工况灵活工作。电动机/发动机同时起到起动机和飞轮的作用,可以带动发动机启动。在发动机运转时起飞轮平衡作用,调节发动机动态变化和输出功率,使发动机基本稳定在高效率、低排放的状态下运转。发动机带动电动机/发电机发电,所发出的电能向动力电池组充电,用于补充动力电池的电能,可增加续航里程。

并联式混合动力系统的缺点：

①发动机工作状态受路面行驶工况影响。发动机驱动模式是并联式混合动力电动汽车的基本驱动模式,发动机的工况会受到冰帘式混合动力电动汽车行驶工况的影响,无法一直运行在高效区域,因此发动机排放性能劣于串联式混合动力电动汽车。

②相比串联式混合动力电动汽车结构和布置更复杂。并联式混合动力电动汽车发动机驱动路径需要配备与内燃机汽车相同的传动系统,包括离合器、变速器、传动轴、主减速器和差速器等传动总成,另外还由电动机/发电机、动力电池组,以及动力耦合器等装置,因此并联式混合动力电动汽车的多能源动力系统结构复杂,布置和控制困难。

5.2.3 混联式混合动力电动汽车

1)基本结构

混联式混合动力系统的结构和形式如图5.7所示,既可以在串联混合动力模式下工作,也可以在并联混合动力模式下工作,即在结构上综合了串联式和并联式的特点。这就要求有两台电动机,一个比较复杂的传动系统和一个智能化控制系统。

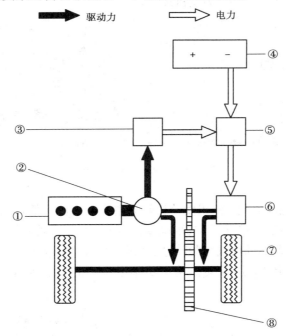

①—发动机;②—动力分离装置;③—发电机;④—动力蓄电池;
⑤—变压器;⑥—电机;⑦—驱动轮;⑧—减速器
图5.7 混联式混合动力系统

2)并联式混合动力系统典型工作模式的功率流

混联式混合动力系统具有低油耗和低排放的效果。根据行驶工况的不同,以不同的模式工作,最大限度地适应车辆的行驶工况,使系统达到最高的燃油经济性和最低的排放。

(1)启动时

利用电机启动时的低速大转矩特性,汽车启动时,混合动力系统仅使用由动力蓄电池提供能量的电机的动力启动,这时发动机并不运转,如图5.8所示。

图5.8　启动时

（2）低速—中速行驶时

低速—中速行驶时,由高效利用能量的电机驱动行驶。对于发动机而言,在低速—中速带的效率并不理想,而另一方面,电机在低速—中速带性能优越。因此,在用低速—中速行驶时,油电混合系统使用动力蓄电池的电力,驱动电机行驶,如图5.9所示。动力蓄电池电量少时,利用发动机来带动发电机发电,为电机提供动力。

图5.9　低速—中速行驶时

（3）一般行驶时

一般行驶时,低油耗的驾驶,使用发动机作为主要动力源。低速区间,大功率驱动工况,如连续爬坡等,此时依照工作状况设定,由电动机驱动,将会消耗大量的电,需要发动机为电池补充电量。汽车以串联驱动模式行驶时,发动机工作在经济区且输出恒定功率,如图5.10所示。动力蓄电池的电量少时,发动机输出功率会被提高以加大发电量,来给动力蓄电池充电。

图5.10　一般行驶时

（4）一般行驶时/剩余能量充电

在中速行驶时,一般工作在发动机中速区域,且此时的发动机动力负荷偏低,效率低,发动机会产生多余的能量。通过这种模式来提高发动机的工作负荷,从而提高发动机的工作效率为电池补充电能,如图 5.11 所示。

图 5.11　一般行驶时/ 剩余能量充电

（5）全速开进（行驶）时/利用双动力来获得更高一级的加速

在需要强劲加速（如爬陡坡及超车）时,动力蓄电池也提供电力来加大电机的驱动力。通过发动机和电动机同时工作,能提供较大的动力输出,因此这种模式通常适合于工作在中低速加速和高速区,如图 5.12 所示。

图 5.12　全速开进（行驶）时

（6）减速/ 能量再生时

汽车制动时,车轮提供反向扭矩,带动驱动电动机来作为发电机发电,以此回收能量。通过回收制动能量,混合动力车能很好地控制油耗和排放。这种模式工作在中高速滑行和制动的工况下,如图 5.13 所示。

图 5.13　减速/能量再生时

（7）停车时

在停车时,发动机、电机、发电机全部自动停止运转。不会因怠速而浪费能量,如图 5.14 所示。当动力蓄电池的充电量较低时,发动机将继续运转,以给动力蓄电池充电。另外,有时因与空调开关连动,发动机会仍保持运转。

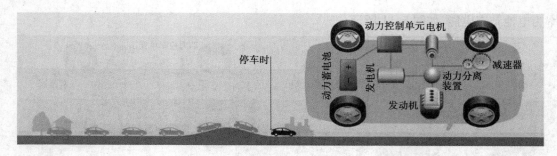

图 5.14　停车时

3）混联式混合动力系统的基本控制模式

混联式混合动力系统其工作原理如下：发动机发出的功率一部分通过功率分流装置（功率分配器），经机械传动系统传至驱动轮，另一部分则驱动发电机发电，发出的电能输送给电动机或蓄电池，电动机的力矩同样也可通过传动系统传送给驱动轮。混联式驱动系统的一般控制策略是：在汽车低速行驶时，驱动系统主要以串联式工作；当汽车高速稳定行驶时，则以并联式为主。

混联式混合动力驱动系统的结构形式和控制方式充分发挥了串联式和并联式的优点，能够使发动机、发电机等部件进行更优化的匹配，在结构上保证了在更复杂的工况下使系统工作在最优状态，因此更容易实现排放和油耗的控制目标。与并联式相比，混联式的动力复合形式更复杂，因此在机械结构和控制方面对动力复合装置提出了更多的要求。

4）混联式混合动力系统的特点

混联式混合动力系统的优点：

①与串联式混合动力电动汽车相比动力系统更小、成本降低。混联式混合动力电动汽车是在并联式混合动力电动汽车的基础上，再增加电动机/发电机或驱动电动机，因此混联式混合动力电动汽车由三个动力总成组成，三个动力总成以 50% ～100% 的功率驱动车辆，但比串联式混合动力电动汽车动力总成的功率、质量和体积要小。

②多种工作模式获得更好的性能。混联式混合动力电动汽车有多种驱动模式可供选择，包括串联驱动和并联驱动，使发动机的工作状态在多变的工况中都可以选择最优的模式。

③发动机参与驱动减少能量转换损失。发动机驱动模式是混联式混合动力电动汽车的基本驱动模式之一，在发动机到车轮之间动力传递过程中，除摩擦损耗外，没有机械能—电能—机械能的转换过程，能量转换的综合效率要比内燃机汽车高。

④纯电行驶降低排放。纯电动机驱动模式也是混联式混合动力电动汽车的基本驱动模式之一，可以独立驱动车辆行驶，在车辆启动与起步时，发挥电动机低速大转矩的特征，带动车辆起步，实现"零污染"行驶。

混联式混合动力系统的缺点：

①发动机参与驱动在特殊工况下排放劣于串联式混合动力电动汽车，混联式混合动力电动汽车性能更接近内燃机汽车。发动机的工况会受行驶工况的影响，发动机的有害气体的排放高于串联式混合动力电动汽车。

②结构复杂布置困难。混联式混合动力电动汽车需要配备两套驱动系统，发动机传动系统需要装置离合器、变速器、传动轴和驱动轮等传动总成。另外，还有电动机/发电机、驱动电动机、减速器、动力电池组，以及多能源的动力组合或协调发动机驱动与驱动电动机驱动力的

专用装置,因此混联式混合动力电动汽车的多能源动力系统结构复杂,总布置也更加困难。

　　③整车多能源控制系统要求更高、更复杂。多能源动力的匹配和组合有不同的组合形式,需要装配一个复杂的多能源动力总成控制系统,才能达到高的经济性和"超低污染"的控制目标。

四、章节小结

　　1.串联式混合动力电动汽车的组成、结构、原理及特点。

　　2.并联式混合动力电动汽车的组成、结构、原理及特点。

　　3.混联式混合动力电动汽车的组成、结构、原理及特点。

五、任务工单

任务工单			
任务名称	混合动力电动汽车的基本结构与原理	姓　名	
学　时	4 学时	任务成绩	
实训设备工具	混合动力电动汽车、新能源专用工具车、新能源专用万用表、诊断仪		
任务描述	认识混合动力电动汽车的各部件名称及功能		
任务目的			

一、资讯

1. 并联式混合动力汽车车辆启动、低速及轻载行驶时,发动机_____,车辆由电机驱动,为纯电动工况。

2. 一般混合动力按照动力传动方式可以分为串联式、并联式和_____。

3. 按照动力传动方式分类,长安 CS75PHEV 属于_____。

4. _____电机主要利用发动机来进行发电,并能够回收部分能量输入到动力电池。

二、计划与决策

根据任务要求,确定所需要的设备、工具,并对小组成员进行合理分工,制订详细计划。

1. 需要设备工具

2. 小组成员分工

3. 制订计划与决策

三、实施

1. 实施步骤

续表

2. 总结实施过程中的注意事项

四、检查

五、评估

1. 自己任务完成的情况, 对自己的工作进行自我评估, 并提出改进意见

1)_____

_____

2)_____

_____

2. 工单成绩

自我评价	组长评价	教师评价	总　分

参考文献

［1］熬东光,宫英伟,陈荣梅.电动汽车结构原理与检修［M］.北京:机械工业出版社,2018.

［2］何洪文,等电动汽车原理与构造［M］.北京:机械工业出版社,2012.

［3］吴兴敏,张博,王彦光.电动汽车构造、原理与检修［M］.北京:北京理工大学出版社,2015.

［4］李晓林.电动汽车整车控制系统介绍［J］.科技资讯,2012(19):27-29.

［5］李锴,李卫,寿好芳.新能源汽车维护与保养［M］.北京:中国发展出版社,2017.

［6］猴庆伟,李卓.新能源汽车原理与检修［M］.北京:机械工业出版社,2018.